全身ユニクロ!

朝、マネするだけ

365 days of coordinates

スタイルアドバイザー
Hana

ダイヤモンド社

introduction

担当編集者によるまえがき

『全身ユニクロ！　朝、マネするだけ』を手に取っていただき、ありがとうございます。

「今日何を着ればいいか誰かおしえてくれたらいいのに」。

そんな経験がある人はいないでしょうか？

私がそうです。**センスよく見せたいけれど、正直、朝服に悩む時間なんてない。**

「今日はこんな予定があるんだったら、これを着ていけばおしゃれに見えるよ」と、私のためだけに毎日服を選んでくれる人がいれば、どんなにいいだろう。そんな気持ちを、企画スタートのときにＨａｎａさんにお伝えし、この本が生まれました。

この本は1月1日から12月31日までのコーデが毎日載っていて、そのままマネができます。

Ｈａｎａさんは、ユニクロなのにスタイルよく見せ、しかも同じ服を日常のシーンに合わせてさまざまに着まわします。インスタもブログも27万フォロワーと大人気なのは、Ｈａｎａさんのコーデを（私のように）参考にしている方がいるからでしょう。そのコーデが一冊に季節ごとにまとまっていたら、こんなに便利なことはありません。

使っている服はすべてユニクロです。

これを「近所に遊びに」「学校行事」「ちょっとしたお食事」などのあらゆるシーンで着まわせるように、たくさんのコーデを掲載しています。**同じ服なのに、カジュアルなときも、**

おでかけのときも使えることに驚かれるはずです。本の中には、ご自分には関係のないシーンも紛れ込んでいるかもしれませんが、その場合はコーデのみ見てくださっても問題がないようにつくっています。

ユニクロの服はいい意味で「普通」のアイテムが多く、この本にも、変わったアイテムは出てきません。だから、流行にも左右されないコーデができるので、この本一冊で一生お役に立てるはずです。ご自分のお手持ちで似ているのがあれば、それを使ってください。もちろん、お好きなブランドのアイテムでも大丈夫です。

この本は、ひとつひとつのコーデに、その「コツ」も見出しで紹介しています。

私自身驚いたのですが、コーデをマネしているだけなのに、コツも合わせて読むと、「グレーは派手な色を着るときになじませてくれるんだな」や、「丸い形で女らしさを足そう」のように、知識が身についてきました。結果、組み合わせに悩む時間が減ったのです。

この本は、マネして着ただけなのに、知らず知らずのうちのセンスも身につく、そんなお得な本を目指しています。読者の方々にとって少しでも役に立つ本になれたら、担当編集としてもこんなにうれしいことはありません。

中野亜海（編集者）

Spring

Summer

Autumn

Chapter #03 秋 October - December

ネイビーのストールは巻くだけで知的な印象になる

Winter

Chapter #04 冬 January - March

冬は白×グレーが最高

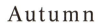

［第1章］

Spring

ALL UNIQLO ITEM

BOTTOMS

Aラインスカート
（マスタード）

アンクル丈の
パンツ（カーキ）

デニム
（ネイビー）

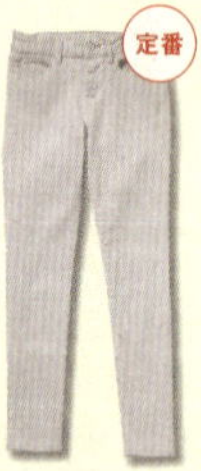

デニム
（白）

デニム
（グレー）

リボン付き
ワイドパンツ

シフォンスカート
（グリーン）

シフォンスカート
（ナチュラル）

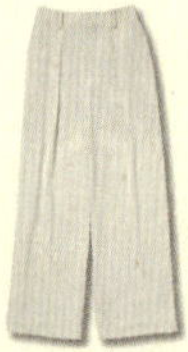

とろみワイドパンツ
（白）

ワイドパンツ
（キャメル）

シフォンスカートには ボーダーを合わせる

ALL UNIQLO ITEM

TOPS

フードパーカー

とろみトップス

オーバーサイズ
のサマーニット

ボーダー

リネンシャツ
（ピンク）

リネンシャツ
（白）

カーデ
（イエロー）

デニムシャツ

リブセーター
（白）

クルーネック
セーター（黒）

4 / 1 MON

入園式

上下とろみ素材にすると フォーマルなときに着られる

とろみ素材のものを持っていると、きちんと見せたいシーンに便利です。服がやわらかい素材なので、バッグや靴は固い素材にしましょう。ミックスされておしゃれに見えます。

tops：ドレープブラウス
bottoms：
ハイウエストリボンワイドパンツ
bag：HAYNI
shoes：Outlet Shoes
pierce, necklace, bracelet：
JUICY ROCK

＃次男　＃入園式

4 / 2 TUE

近所を散歩

2色にしぼると、カジュアルだけのコーデもキレイめに見える

色数は、抑えれば抑えるほど都会的に見えます。服がすべてカジュアルなアイテムでも大丈夫。楽ちんアイテムでキレイめに見せられると上級者です。

tops：
リップルクルーネックセーター
bottoms：
ウルトラストレッチジーンズ
bag：J & M DAVIDSON
shoes：CONVERSE
cap：pyupyu
belt：J & M DAVIDSON
pierce：ZAKKABOX

＃天気がいいので　＃桜　＃モノトーンコーデ

4/3 WED

スーパーへ

コーデが決まらない日は同系色のグラデーションにする

tops：シャンブレーシャツ
bottoms：ウルトラストレッチジーンズ
inner：リブバレエネックT
bag：MAISON KITSUNÉ
shoes：CONVERSE
belt：American RAG CIE
pierce：SLOBE IENA
necklace：Les Bliss
bangle：JUICY ROCK

何を着ていいかわからない！　そんな日は、とにかくトップスとボトムスを同じような色でそろえてグラデーションをつくりましょう。コーデに「立体感」が出るとおしゃれなのですが、グラデーションはその立体感をつくります。

#つくりおきおかず

4/4 THU

仕事帰りに友達の結婚祝い

甘めのコーデの日は小物を黒にする

白とベージュのグラデーションは甘い印象になります。「甘い」＝「子どもっぽい」イメージになるので、「大人っぽい」要素のアイテムを足したいところ。小物を黒にすると大人っぽくなります。

tops：コットンカシミヤリブセーター
skirt：ハイウエストシフォンプリーツスカート
bag：Balenciaga
shoes：Le Talon
belt：J & M DAVIDSON
necklace, pierce：JUICY ROCK

＃出勤日　＃帰りに友達とお茶　＃結婚祝い

4 / 5 FRI

飼い犬のお散歩

濃い色同士を合わせたいときは白を入れる

上下ともに濃い色を着たいときは、小物のどこかに白を入れて軽さを出しましょう。ポイントは、小さな面積で、何カ所かに差すこと。特に、スニーカーのソールや靴紐に白が入っているものが便利です。

tops：スウェットフルジップパーカ
bottoms：イージーアンクルパンツ
inner：リブバレエネック T
bag：GREGORY
shoes：CONVERSE
cap：pyupyu
pierce：ZAKKABOX
bangle：PHILIPPE AUDIBERT

#散歩 #カジュアル

4 / 6 SAT

大型スーパーへ

おしゃれのいちばん簡単なルールはキレイめとカジュアル、ふたつの要素をミックスする

tops：
UV カットＶネックカーディガン
bottoms：
ウルトラストレッチジーンズ
inner：リブバレエネックＴ
bag：Sans Arcidet
shoes：Le Talon
stole：macocca
pierce, bangle：
JUICY ROCK

いちばん簡単におしゃれに見えるのは、キレイめとカジュアル、それぞれのアイテムを両方入れること。写真のように、服がカジュアルアイテム同士の日は、キレイめな靴を選ぶだけでOKです。

＃家族で

4/7 SUN

お花見

ピンクにカーキを合わせるとあか抜ける

ピンクにカーキは合う色合わせ。また、写真をたくさん撮る日は、明るい色のトップスを選びましょう。顔映りが良くなります。

tops：
プレミアムリネンシャツ
bottoms：
イージーアンクルパンツ
bag：Anya Hindmarch
shoes：adidas
belt：J & M DAVIDSON
pierce：ZAKKABOX
necklace：Les Bliss

＃家族で　＃超極暖ヒートテックで防寒

4 / 8 MON

研修を終えた新入社員の案内

白シャツは、きちんとしているのにさわやかでスタイルよく見える

どんな人にも好印象なのが白シャツ。襟元も自然に開けられて、さわやかな女性らしさが出ます。開けるボタンは3つと覚えておきましょう。思い切ってデコルテを見せると、女性らしさが出ます。首が長く、スタイルよく見えます。

tops：プレミアムリネンシャツ
bottoms：ハイウエストリボンワイドパンツ
bag：ZAKKABOX
shoes：ZARA
pierce, necklace：JUICY ROCK

＃出勤日　＃新人さんの案内係　＃初対面

4 / 9 TUE

歯医者さんへ

パーカーをはおるときは中に襟がついた服を着ない

パーカーコーデのポイントは、中に襟がついたものを着ないこと。こうすると、顔まわりをすっきり見せられるので、パーカーなのに女らしく見せられます。

tops：スウェットフルジップパーカ
bottoms：ウルトラストレッチジーンズ
inner：リブバレエネックT
bag：J & M DAVIDSON
shoes：adidas
earrings：BEAMS
bangle：PHILIPPE AUDIBERT

＃歯医者　＃自転車で　＃普段のカジュアルコーデ

近所のショッピングモールで買い物

パーカーを買うときは必ずジャストサイズで

パーカーは「ジャストサイズ」一択です。着たときに、自然と上半身がコンパクトになり、足が長くスタイルよく見えます。ボリュームのあるボトムと相性もよくなります。

tops：
スウェットフルジップパーカ
skirt：
ハイウエストドライストレッチタックスカート
inner：リブバレエネック T
bag：Anya Hindmarch
shoes：adidas
pierce, bracelet：
JUICY ROCK

#買い物　#近所　#パーカー

4 / 11 THU

高校の同級生とお花見

華やかさを出したいときはとろみトップス＋光る小物を

光沢のある小物は、それだけで華やかな雰囲気になります。またとろみ素材も、もともと華やかな素材なので、女性らしく楽しみたい日に最高の組み合わせです。

tops：ドレープブラウス
bottoms：ウルトラストレッチジーンズ
bag：ZARA
shoes：Le Talon
belt：J&M DAVIDSON
pierce：JUICY ROCK
bangle：Daniel Wellington

＃友達とお花見　＃桜の見頃

4 / 12 FRI

暖かい日の春色コーデ

とろみワイドパンツは少し短めの丈を選んでおく

ワイドパンツを履くときは、足の甲が見える靴を選びましょう。リラックス感にプラスして、女性らしい雰囲気が出ます。ワイドパンツの場合は、トップスは必ずウエストインをしましょう。足が長く見えます。

tops：
プレミアムリネンシャツ
bottoms：
ドレープワイドアンクルパンツ
bag：ZARA
shoes：MINNETONKA
stole：macocca
belt：J & M DAVIDSON
pierce：ZAKKABOX

#春　#ピンク

4 / 13 SAT

ママ友とファミレス

ボーダーは白地が多いものを選ぶ

ボーダーの白い部分が多いと、軽さが出て女性らしくなります。ボーダーは、選ぶのはジャストサイズのみ。大きなサイズだとボーダーが波打って肩まわりが大きく見え、全体的に着太りしてしまいます。

tops：
ボーダーボートネックT
skirt：
ハイウエストドライストレッチタックスカート
bag：L.L.Bean
shoes：adidas
pierce：SLOBE IENA
bangle：
PHILIPPE AUDIBERT

#ママ友　#子連れ　#ボーダー

4 / 14 SUN

水族館

4
April

大人のチャームは素材がいいものにする

いつものバッグも、チャームをひとつつけるだけで雰囲気が変わります。チャームは目立つので、いい素材のものを。安そうな素材だと浮いて見えてしまいます。

tops：
コットンカシミヤリブセーター
skirt：
ハイウエストシフォンプリーツ
スカート
bag：ZAKKABOX
shoes：adidas
pierce：ZAKKABOX
necklace：Les Bliss
charm：ZAKKABOX

＃家族でお出かけ　＃イルカのチャーム

4 / 15 MON

保護者会

学校での服装は「頑張りすぎない」

学校の服装では、「キレイめすぎず、カジュアルすぎない」コーデにしましょう。頑張りすぎていないけれどもおしゃれ、というコーデは、全員に好印象を与えます。キレイめ×カジュアルでアイテムを組み合わせると簡単につくれます。

tops：ドレープブラウス
bottoms：
ウルトラストレッチジーンズ
bag：ZARA
shoes：outletshoes
pierce：ZAKKABOX
necklace：JUICY ROCK

＃長男　＃小学校　＃保護者会

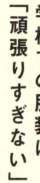

4 / 16 TUE

近所の公園へ

リュックのときは帽子をかぶる

リュックのときは、どうしても重心が下がりがちなので、帽子をかぶったり髪をアップにしましょう。頭に何かポイントをつくると、重心が下がるのを防いでくれます。

tops：
プレミアムリネンシャツ
bottoms：
イージーアンクルパンツ
bag：PORTER
shoes：CONVERSE
cap：pyupyu
belt：Whim Gazette
earrings：BEAMS
bracelet：JUICY ROCK

＃公園　＃子どもと　＃手があくリュック

4 / 17 WED

同僚とオープンテラスでランチ

自分がなりたい雰囲気の「小物」を身に着けると簡単

簡単なおしゃれのルールがあります。それは、なりたい雰囲気は服で出すのではなく、「小物」で出すこと。そのほうが簡単です。この日は、「キレイめ」に見せたかったので、足の甲が見えるパンプス、ツヤのある固い革のバッグにしています。

tops：プレミアムリネンシャツ
bottoms：
ウルトラストレッチジーンズ
bag：Balenciaga
shoes：Le Talon
pierce, bangle：
JUICY ROCK
necklace：Les Bliss

#出勤日　#良い天気　#同僚とランチ

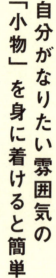

4 / 18 THU

友達とお茶

デニムシャツにはスカートを合わせる

デニムシャツには、スカートが最高に合います。男っぽい雰囲気が、女らしいスカートでミックスされるからです。

tops：シャンブレーシャツ
skirt：
ハイウエストシフォンプリーツスカート
bag：PORTER
shoes：CONVERSE
pierce, bangle：
ZAKKABOX

＃友達　＃１時間だけ　＃可愛い恰好がしたい日

4 / 19 FRI

部署の新人歓迎会

グレーデニムは品よくきれいに見せるので一本は持っておく

デニムで持っていて間違いがないのが、グレーのスキニーデニム。濃淡がないものにするとキレイめに使えます。女性らしく、しかもきちんと感も出る、最高の味方です。

tops：コットンカシミヤリブセーター
bottoms：ウルトラストレッチジーンズ
bag：ZARA
shoes：Le Talon
belt：J & M DAVIDSON
pierce, bracelet：JUICY ROCK
necklace：Les Bliss

＃出勤日　＃新歓

4 / 20 SAT

友達と春物を買いに

色数を減らせば都会的になる

たとえカジュアルなアイテムだけでも、色数を減らせばそれだけでもう洗練された雰囲気になります。シルバーのスリッポンで、ツヤっぽさが足せます。

tops：
スウェットフルジップパーカ
bottoms：
ドレープワイドアンクルパンツ
inner：**リブバレエネックT**
bag：Anya Hindmarch
shoes：VANS
cap：pyupyu
pierce：JUICY ROCK

＃買い物

4 / 21 SUN

公園へお出かけ

ボーダーを着るときは髪をアップにする

ボーダーのラインはまっすぐきれいに見せるとあか抜けます。ボーダーのラインを邪魔しないように、髪の長い人は上げましょう。また、ボリュームのあるボトムスには、「コンパクトなトップス」と覚えておくと失敗しません。長い場合は必ずウエストインを。

tops：
ボーダーボートネックT
bottoms：
ハイウエストチノワイドパンツ
bag：Anya Hindmarch
shoes：adidas
cap：pyupyu
pierce：SLOBE IENA

#家族でお出かけ #公園 #ボーダー

4 / 22 MON

書店巡り

カジュアルなアイテムばかりのときは色数を少なくする

tops：
スウェットフルジップパーカ
skirt：
ハイウエストシフォンプリーツスカート
inner：リブバレエネックT
bag：pyupyu
shoes：CONVERSE
bangle：
Daniel Wellington
pierce：ZAKKABOX

上下がカジュアルアイテムのとき、きれいにセンスよく見せるためには、色数を少なくするというテクニックがとても使えます。寒色だけでつくれば、かっこいい印象になります。

＃書店　＃一人時間

4 / 23 TUE

人気のレストランでランチ

白のワントーンコーデにはベルトを忘れずに

とにかくおしゃれな白だけのコーディネート。清潔感があり、女性らしい柔らかい印象になります。ただ、のっぺり見えるという欠点があるので、ベルトでポイントをつくりましょう。

tops：コットンカシミヤワイドリブセーター
bottoms：ドレープワイドアンクルパンツ
bag：LOUIS VUITTON
shoes：MINNETONKA
belt：SLOBE IENA
pierce, necklace, bangle：JUICY ROCK

#出勤日　#同僚とランチ　#オフィス近く

4 / 24 WED

1日デスクワーク

4
April

ユニクロで欲しい色がないときはメンズコーナーを見てみる

このカーキのアンクルパンツはメンズのSサイズ。ユニクロはレディースとメンズでは展開されている色が違うので、欲しい色がないときはメンズコーナーをのぞくのも楽しいです。

tops：ドレープブラウス
bottoms：
イージーアンクルパンツ
bag：Balenciaga
shoes：Le Talon
pierce：ZAKKABOX
bracelet：JUICY ROCK

#出勤日　#デスクワーク　#ゆったりパンツ

4 / 25 THU

病院、銀行、郵便局を回る日

カジュアルアイテムだけのときは白を散らす

カジュアルアイテムだけの日は、白を多めに入れましょう。こうすると、家着っぽさが薄まり、簡単におしゃれに見えます。ホワイトデニムは大きな味方です。

tops：
スウェットフルジップパーカ
bottoms：
ウルトラストレッチジーンズ
bag：J & M DAVIDSON
shoes：adidas
cap：pyupyu
earrings：BEAMS
bangle：
PHILIPPE AUDIBERT

#用事をこなす日　#自転車でも動きやすい服

4 / 26 FRI

寒暖差が激しい日

4

April

カーデは黄色が便利

カーデは、黄色がおすすめ。ハンサムすぎにはならない、嫌味のないかっこよさが出ます。黄色が顔まわりにくるときつくなるので、トップスに白を挟みましょう。

tops：UVカットVネックカーディガン
bottoms：イージーアンクルパンツ
inner：リブバレエネックT
bag：ZARA
shoes：VANS
pierce：JUICY ROCK

#出勤日 #風も強い #昼は暑すぎる

4 / 27 SAT

映画を見て外食

普通すぎる組み合わせを小物でランクアップする

ボーダーにデニムという普通すぎる組み合わせを、小物を使っておしゃれに見せている人は上級者にみえます。この場合は、サングラスと大ぶりのピアスをプラスするだけ。髪の長い人はアップにしましょう。これだけでセレブ風に見えます。

tops：
ボーダーボートネックＴ
bottoms：
ウルトラストレッチジーンズ
bag：Bertini
shoes：MINNETONKA
sunglasses：Moncler
pierce, bracelet：
JUICY ROCK

＃家族　＃長袖　＃バイカラーバッグ

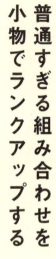

4 / 28 SUN

動物園

4
April

外で遊ぶときはデニムシャツ

汚れを気にせず活動的に動きたい日は、デニムシャツがおすすめ。カジュアルな雰囲気がありつつも、胸元を開けると女性らしさも出せます。

tops：シャンブレーシャツ
bottoms：ハイウエストチノワイドパンツ
inner：リブバレエネックＴ
bag：PORTER
shoes：CONVERSE
belt：J & M DAVIDSON
pierce：JUICY ROCK

＃家族　＃リュック　＃スニーカーにはインソール

4 / 29 MON

犬のお散歩

アースカラーでまとめると、大人のきれいさが出る

アースカラーでまとめるコーデはとてもおすすめ。大人っぽく力みのない、かなりセンスがよく見える色合いになります。カジュアルアイテムだけのコーデのときは、首元が開いているものを選んで、女性らしさを足しましょう。

tops：
オーバーサイズVネックセーター
bottoms：
イージーアンクルパンツ
bag：GU
shoes：VANS
pierce：ZAKKABOX
bangle：
PHILIPPE AUDIBERT

#家族　#GW　#カジュアル　#スリッポン

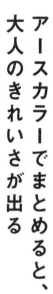

4 / 30 TUE

セミナーの受付

4
April

黄色とグレーの色合わせは優しくてさわやかな雰囲気を生む

黄色とグレーはとても合います。優しくてさわやかな雰囲気を生むので、覚えておくと便利な色合わせです。黄色いカーデなので、顔がきつく見えないように白を挟むのを忘れずに。

tops：
UVカットVネックカーディガン
bottoms：
ハイウエストリボンワイドパンツ
inner：リブバレエネックT
bag：ZARA
shoes：Le Talon
pierce：JUICY ROCK
bangle：Daniel Wellington

#出勤　#とろみワイドパンツ

5 / 1 WED

仕事帰りに駅ビル

ネイビーは女性の味方

ネイビーは、さわやかで上品、スポーティな雰囲気を持つ色です。大人の女性をきれいに見せる色で、特に白と合わせると、相性抜群です。バッグと靴を大人っぽくするだけでオフィスにも使えます。

tops：
コットンカシミヤリブセーター
bottoms：
ウルトラストレッチジーンズ
bag：Balenciaga
shoes：ZARA
pierce：ZAKKABOX

#仕事 #お土産選び #駅ビル

帰省の前日は家でのんびり

ボーダーのときには小さいバッグ

ボーダーとデニムの「普通の」コーデは、小さめバッグを合わせるだけで、都会っぽくなります。4月でも書きましたが、大きめを選ぶとボーダーの線がゆがんで着太りして見えるので、必ずジャストサイズを選びましょう。

tops：
ボーダーボートネックT
bottoms：
ウルトラストレッチジーンズ
bag：MUUN
shoes：CONVERSE
pierce：ZAKKABOX
bracelet：JUICY ROCK

＃帰省前日　＃カジュアル　＃リラックス

5 / 3 FRI

帰省 1 日目

旅行のときはレーヨンブラウス

長い移動時間には、シワになりにくいレーヨンブラウスが便利です。そのうえキレイめなので、義父母受けも良く、ちょっとした食事にも着て行けます。

tops：ドレープブラウス
bottoms：ウルトラストレッチジーンズ
bag：BEAUTY&YOUTH UNITED ARROWS
shoes：MINNETONKA
belt：J & M DAVIDSON
pierce, bracelet：JUICY ROCK
necklace：Les Bliss

#帰省 1 日目　#義実家　#お寿司　#車

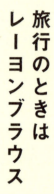

5 / 4 SAT

帰省２日目

旅行のときは、キレイめとカジュアルとそれぞれのアイテムを持って行く

旅先に持って行くもう一枚はぜひデニムシャツを。初日とボトムスが同じでも、テイストが違って楽しめます。また、脱ぎ着しやすく温度調節もしやすいです。はおりとしても使えます。

tops：シャンブレーシャツ
bottoms：ウルトラストレッチジーンズ
inner：リブバレエネック T
bag：BEAUTY&YOUTH UNITED ARROWS
shoes：MINNETONKA
belt：J&M DAVIDSON
pierce：ZAKKABOX
bangle：JUICY ROCK

＃帰省２日目　＃着回し　＃国立公園

5 / 5 SUN

ショッピングセンターへ

スニーカーにロングスカートは都会っぽく見える

子どもとのお出かけなど、スニーカーを履きたいときは、ロングスカートにしましょう。女らしさとカジュアルがミックスされて、それだけでおしゃれです。

tops：プレミアムリネンシャツ
skirt：ハイウエストシフォンプリーツスカート
bag：MAISON KITSUNÉ
belt：J&M Davidson
shoes：adidas
necklace, pierce：JUICY ROCK

＃こどもの日　＃プレゼント　＃おもちゃ売場

5 / 6 MON

GW 明け出勤

コーデは暗い色にしっぱなしにしない

上下の洋服が暗い色の場合、それだけで放っておいてはいけません。小物は、必ず明るい色にしましょう。バッグと靴をキレイめにすれば、オフィスコーデになります。

tops：
リップルクルーネックセーター
bottoms：
ウルトラストレッチジーンズ
bag：ZARA
shoes：outletshoes
pierce：JUICY ROCK
necklace：Les Bliss
bangle：
PHILIPPE AUDIBERT

＃オフィスカジュアル　＃フラットパンプス

5 / 7 TUE

友人とランチ

とろみアイテムのときはベルトをするとやせて見える

ちょっとしたお出かけには、それだけできちんと見えるとろみのある服がおすすめ。とろみアイテムは、ベルトでウエストマークをすると着やせ効果大です。

tops：ドレープブラウス
bottoms：ドレープワイドアンクルパンツ
bag：Bertini
shoes：Sand By Saya
belt, pierce：SLOBE IENA
bracelet：MAISON BOINET

#オープンテラス　#おしゃべり

5 / 8 WED

お料理教室

キャメルのワイドパンツ一枚で頑張りすぎないおしゃれになる

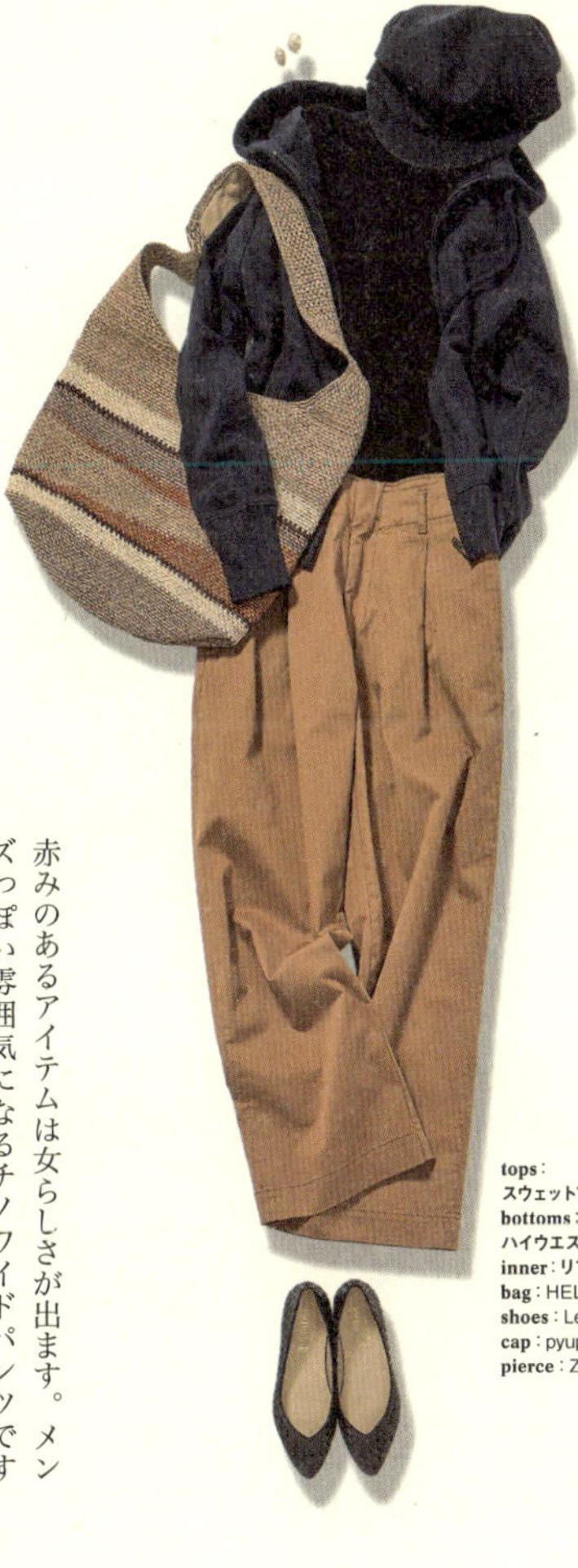

赤みのあるアイテムは女らしさが出ます。メンズっぽい雰囲気になるチノワイドパンツですが、写真のような赤みのあるキャメルのものを選ぶと、女らしさが自然とミックスされて便利です。

tops：スウェットフルジップパーカ
bottoms：ハイウエストチノワイドパンツ
inner：リブバレエネックT
bag：HELEN KAMINSKI
shoes：Le Talon
cap：pyupyu
pierce：ZAKKABOX

＃友達宅で開催

5/9 THU

スーパーへ買い出し

ぴたっとしたトップスはボートネックを選ぶ

ぴたっとしたトップスが苦手だという人がいますが、女性らしいラインを出してくれる強い味方です。ネックラインが横に広いボートネックを選べば、デコルテがきれいに見え、着やすいです。

tops：
コットンカシミヤリブセーター
bottoms：
イージーアンクルパンツ
bag：MAISON KITSUNÉ
shoes：MINNETONKA
belt：Plage
pierce：ZAKKABOX
bracelet：JUICY ROCK

＃大型スーパー　＃新メニュー

5 / 10 FRI

夫とランチデート

シフォンスカートはモノトーンで着る

デートのときにおすすめなのが、モノトーンの色しか使わないシフォンスカートのコーデ。シフォンスカートの甘い雰囲気を残しながらも、大人っぽい都会的なコーデになります。柔らかな素材の面積が大きくなるので、女性らしさが際立ちます。

tops：リップルクルーネックセーター
skirt：ハイウエストシフォンプリーツスカート
bag：Balenciaga
shoes：Le Talon
earrings：BEAMS

#仕事　#待ち合わせ　#ランチ

ママ友とカラオケ

春と夏はリネンシャツが便利

リネンシャツは色違いで何枚か持っておくと、コーデに色が足せる上に、冷房よけにも、紫外線対策にもなります。ホワイトの分量を多めにすると柔らかい雰囲気になります。

tops：プレミアムリネンシャツ
bottoms：
ドレープワイドアンクルパンツ
inner：リブバレエネック T
bag：Bertini
shoes：Le Talon
cap：pyupyu
pierce：ZAKKABOX
bangle：
PHILIPPE AUDIBERT

#カラオケ　#ファミリールーム　#子どもが主役

5 / 12 SUN

公園

その日行く場所に合った服を着る

そのシーンに合った服を着れば、おしゃれに見えます。だから、外で思い切り遊ぶ日は、上下とも洗濯機でがしがし洗える素材がベスト。カジュアルアイテムだけのコーデは、白が入るように心がけると抜けが出ておしゃれに見えます。

tops：
ボーダーボートネックT
bottoms：
イージーアンクルパンツ
bag：PORTER
shoes：CONVERSE
cap：pyupyu
belt：J & M DAVIDSON
pierce：ZAKKABOX

＃子どもとお出かけ　＃外遊び　＃お弁当

5 / 13 MON

1日デスクワーク

ゆるっとサイズの上下を合わせるとキレイめになる

tops：
オーバーサイズＶネックセーター
bottoms：
ハイウエストリボンワイドパンツ
bag：Balenciaga
shoes：Le Talon
pierce：ZAKKABOX
bangle：Daniel Wellington

上下とも少しゆるっとしたサイズのものにすると、キレイめの印象がつくれます。その場合、必ずウエストマークをすること。そのまま合わせてしまうと、「ダボっと」という印象ですが、ポイントをつくることで、「ゆるっと」になります。

＃週初め　＃オフィスコーデ

5 / 14 TUE

早出出勤

重め色コーデには黄色いカーディガンを

レモンイエローのカーディガンは、本当に便利。地味な色合わせでも簡単にさわやかになります。Tシャツを選ぶときは、デコルテが広く見えるものにすると女性らしくなります。

tops：リブバレエネック T
bottoms：
イージーアンクルパンツ
Cardeigan：
UV カットV ネックカーディガン
bag：Balenciaga
shoes：Le Talon
pierce：SLOBE IENA
necklace：Les Bliss

＃清掃当番　＃動きやすさ

5 / 15 WED

お弁当の買い出し

服は、白い小物を入れるとどんな色でも着られる

服に合わない色はありません。「ちょっと難しそうな色」だと思っても、小物に白を多くするとまとまります。白の小物をたくさん持っておくと便利ですが、その中でもバッグや靴に小さく黒のロゴやラインが入ったものを選んでおくと、コーデが引き締まって見えます。

tops：プレミアムリネンシャツ
skirt：
ハイウエストドライストレッチタックスカート
bag：MAISON KITSUNÉ
shoes：CONVERSE
pierce, bracelet：
JUICY ROCK

＃スーパー　＃お弁当買い出し　＃遠足

美容院

靴とバッグの色をそろえるときちんとした印象が出る

どんな素材でも、靴とバッグの色を同じにそろえると、きちんとした雰囲気になります。オフィスコーデにも使えるテクニックです。いざ出掛けるときにコーデが思いつかない、そんなときは、ホワイトのワントーンコーデにすると簡単におしゃれに見えます。

tops：
コットンカシミヤリブセーター
bottoms：
ウルトラストレッチジーンズ
bag：Sans Arcidet
shoes：outletshoes
belt：J & M DAVIDSON
pierce, bangle：
JUICY ROCK

#ワントーン　#時短コーデ

5 / 17 FRI

ドッグラン

リュックのときはロングスカートもあり

tops：スウェットフルジップパーカ
skirt：ハイウエストシフォンプリーツスカート
inner：リブバレエネックＴ
bag：PORTER
shoes：CONVERSE

リュックにはロングスカートを合わせましょう。リュックのラフさに女性らしさがミックスされて、おしゃれ上級者に見えます。普段使いのリュックを選ぶときは、ナイロン素材は避けましょう。「山」っぽく見えてしまいます。革が都会的です。

＃公園　＃リュック　＃カジュアル

5 / 18 SAT

雑貨屋

グラデーションコーデはそれだけでおしゃれ

おしゃれに必要なのは「立体感」ですが、服を同じような色でグラデーションすることで立体感が出ます。茶系の服は、ゴールドのアクセサリーや小物がとても合います。華やかになるので忘れずに！

tops：
オーバーサイズ V ネックセーター
bottoms：
ハイウエストチノワイドパンツ
bag：LOUIS VUITTON
shoes：ZARA
belt：J & M DAVIDSON
pierce, necklace：
JUICY ROCK
bangle：
PHILIPPE AUDIBERT

＃義母へのプレゼント選び

5 / 19 SUN

義母と食事

とろみワイドパンツはキレイめが必要なシーンに大活躍

とろみワイドパンツの魅力は、履くだけで「キレイめ」になるところ。一枚持っていると、仕事にもお出かけにも使いやすい便利なアイテムです。

tops：
リップルクルーネックセーター
bottoms：
ハイウエストリボンワイドパンツ
bag：HAYNI
shoes：SESTO
pierce：JUICY ROCK
necklace：Les Bliss

＃キレイめ　＃お出かけ

5 / 20 MON

1日デスクワーク

白シャツ×グレーデニムは知的でシャープな印象になる

カジュアルで楽ちんなのに、知的なイメージになれるのが、この襟つきシャツとグレーデニムの組み合わせ。シャツはリネン素材を選ぶと、かっちりしすぎになりません。シルバーの小物を合わせると、同色グラデーションになって、高見えします。

tops：プレミアムリネンシャツ
bottoms：
ウルトラストレッチジーンズ
bag：ZARA
shoes：VANS
bracelet：JUICY ROCK

#資料集め　#動きやすさ重視

5 / 21 TUE

打ち合わせ

コントラストが強い色を組み合わせるとおしゃれに見える

印象的に見せたい日は、写真のようにコントラストのある色の組み合わせにしましょう。ホワイトデニムは、簡単にコントラストをつけられるので便利です。その上、品が良いイメージにもなります。

tops：
オーバーサイズVネックセーター
bottoms：
ウルトラストレッチジーンズ
bag：HELEN KAMINSKI
shoes：ZARA
belt：J & M DAVIDSON
pierce, necklace, bracelet：
JUICY ROCK

来客

親子遠足

デニムオンデニムは下に白シャツを着ると合わせやすくなる

難しいと思われがちなデニムオンデニムは、下に白シャツを着ることで簡単にできます。このコーデは、汚れも目立ちにくくて外で動き回る日には便利。中に着るTシャツは、デコルテが見える、首が広めに開いたものを選びましょう。

tops：シャンブレーシャツ
bottoms：ウルトラストレッチジーンズ
inner：リブバレエネックT
bag：PORTER
shoes：VANS
belt：J & M DAVIDSON
pierce：ZAKKABOX

＃動物園　＃カジュアル

5 / 23 THU

体験ヨガ

オールカジュアルアイテムの場合は3色以内にする

カジュアルアイテムのみを着たいときは、3色以内に抑えることで、色がまとまり、あかぬけます。スニーカーとバッグを同色にすると、色数が減らせてよりスッキリします。

tops：ボーダーボートネックＴ
skirt：ハイウエストシフォンプリーツスカート
bag：MAISON KITSUNÉ
shoes：adidas
earrings：BEAMS
bangle：JUICY ROCK

＃ヨガ　＃行き帰りも締めつけなし

5 / 24 FRI

1日デスクワーク

仕事のバッグは革のものを選ぶ

毎日使う仕事バッグには、大きくも小さくもない、ぎりぎりA4が入るくらいの革のバッグをおすすめします。革は洋服を大人っぽく見せてくれるので、頻繁に持つバッグがこの素材だととても便利です。あまり大きすぎると野暮ったくなります。

tops：プレミアムリネンシャツ
bottoms：
ウルトラストレッチジーンズ
bag：Balenciaga
shoes：Le Talon
belt：J & M DAVIDSON
pierce：ZAKKABOX
bangle：Daniel Wellington

#急な蒸し暑さ

5 / 25 SAT

公開授業

学校には派手な色を避けると好印象になる

学校へ行くときの鉄則は、「キレイめとカジュアルの中間」です。派手な色は避け、カジュアルとキレイめのアイテムをミックスしましょう。落ち着いた色のコーデにすると、好印象になります。

tops：
リップルクルーネックセーター
bottoms：
ドレープワイドアンクルパンツ
bag：ZAKKABOX
shoes：MINNETONKA
pierce, bangle：
JUICY ROCK

＃小学校　＃参観

5 / 26 SUN

買い物

スニーカーにはスカート

スニーカーをオシャレに見せるには、スカートをはくだけでOKです。もし「今日はシンプルすぎるな」と思ったら、バッグと靴の色を少しリンクさせると華やかになります。

tops：プレミアムリネンシャツ
skirt：ハイウエストドライストレッチタックスカート
bag：Bertini
shoes：CONVERSE
pierce, necklace：JUICY ROCK

#ショッピングモール　#買い出し　#家族で

5 / 27 MON

女性のお客様がみえる日

淡い色でグラデをつくると品よく柔らかい印象になる

淡い色同士を組み合わせると、品よく、柔らかい雰囲気になります。グラデーションは、奥行きを出し、立体感をつくってくれます。ぼやけて見えるのが心配なときは、濃い色の小物を合わせましょう。

tops：
コットンカシミヤリブセーター
bottoms：
ハイウエストリボンワイドパンツ
bag：Balenciaga
shoes：Le Talon
pierce：ZAKKABOX
necklace：Les Bliss

＃仕事　＃女性受けのいいコーデ

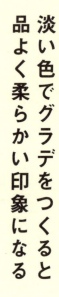

5 / 28 TUE

風の冷たい日

細く見せたいなら I《アイ》ラインシルエットがいちばん

Iラインは、同じボリュームくらいのトップスとボトムスを合わせるとつくれます。Iラインシルエットのいいところは、やせて見えるところ。写真のように暗い色同士にすると、より細く見えます。

tops：
UV カット V ネックカーディガン
bottoms：
ウルトラストレッチジーンズ
inner：**リブバレエネック T**
bag：pyupyu
shoes：Le Talon
belt：J & M DAVIDSON
pierce, necklace, bracelet：
JUICY ROCK

＃日差しは強い　＃日よけにもカーデ

5 / 29 WED

ママ友とお茶へ

淡いシフォンスカートにはボーダーが最強

tops：ボーダーボートネックT
skirt：ハイウエストシフォンプリーツスカート
bag：Anya Hindmarch
shoes：adidas
pierce：JUICY ROCK
bracelet：MAISON BOINET

「かわいい」淡いピンクのスカートには、ボーダーとスニーカーを組み合わせるのがおすすめ。かわいいアイテムは、こうしてカジュアルダウンをすれば、大人でも痛々しくならず、都会的に着こなせます。

#ファミレス

5 / 30 THU

図書館

フリンジは、コーデにボリュームを出しておしゃれに見せる

バッグや靴にフリンジがついたものはとても便利です。服が物足りないな、というときにはこれらを入れるだけで厚みが出ます。

tops：
リップルクルーネックセーター
bottoms：
ウルトラストレッチジーンズ
bag：J & M DAVIDSON
shoes：MINNETONKA
belt：Plage
pierce：JUICY ROCK

＃絵本　＃レシピ　＃雑誌

5 / 31 FRI

職場の資料整理

デニムシャツはシャープに見せてくれる

カジュアルコーデが許される職場なら、デニムシャツもさわやかです。インディゴは、シャープに見せてくれる大人の味方。ボトムスをキレイめ担当のとろみパンツにし、バッグと靴の色を同じにすればきちんと見えます。

tops：シャンブレーシャツ
bottoms：
ドレープワイドアンクルパンツ
bag：Balenciaga
shoes：Le Talon
belt：J & M DAVIDSON
pierce：JUICY ROCK

\# オフィスのカジュアルコーデ

お弁当の買い出し

色合わせが難しい服にはベージュのバッグを投入する

服を着てみて、少し色合わせが難しいかな、と思ったときは、ベージュのバッグを取り入れましょう。この色が、服をなじませます。ベージュの小物ひとつで、コーデの違和感がなくなります。ベージュの小物は持っておくと便利です。

tops：プレミアムリネンシャツ
bottoms：ハイウエストチノワイドパンツ
bag：Bertini
shoes：CONVERSE
belt：J & M DAVIDSON
pierce：SLOBE IENA
necklace：Les Bliss

＃運動会前日　＃下ごしらえ

6 /2 SUN

運動会

運動会の日にはオールホワイトコーデ

運動会の日におすすめなのが、上下ホワイト！驚かれるかもしれませんが、さわやかで上品なママスタイルになります。子どもも、たくさんの保護者の中からすぐにママを見つけられます。

tops：プレミアムリネンシャツ
bottoms：ウルトラストレッチジーンズ
bag：HELEN KAMINSKI
shoes：CONVERSE
belt：J & M DAVIDSON
pierce：ZAKKABOX
bangle：PHILIPPE AUDIBERT

＃長男　＃運動会　＃快晴

ディズニーシー

コンパクトニットとワイドパンツでAラインシルエットをマスター！

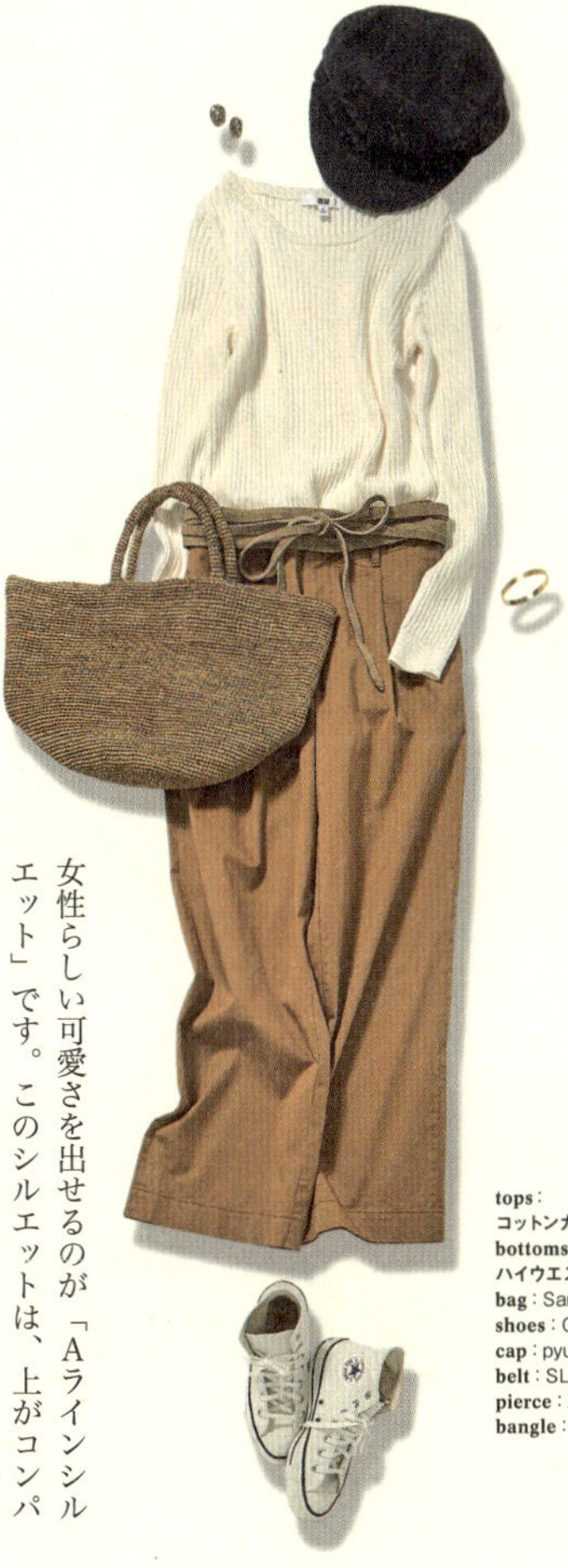

女性らしい可愛さを出せるのが「Aラインシルエット」です。このシルエットは、上がコンパクトで下にボリュームのあるシルエットのこと。コンパクトニットとワイドパンツを合わせれば、このラインは簡単につくれます。

tops：
コットンカシミヤリブセーター
bottoms：
ハイウエストチノワイドパンツ
bag：Sans Arcidet
shoes：CONVERSE
cap：pyupyu
belt：SLOBE IENA
pierce：ZAKKABOX
bangle：JUICY ROCK

＃運動会の振替休日　＃毎年の約束

6 / 4 TUE

1日デスクワーク

サマーニットは一枚でサマになるアイテム

ゆるっとしたサマーニットは、一枚でサマになるので、持っていると便利です。ネックラインが広めに開いていて、身頃もゆるっとしたものを選びましょう。ダボっとして見えないよう、前だけウエストインをするのを忘れずに。

tops：
オーバーサイズVネックセーター
bottoms：
ウルトラストレッチジーンズ
inner：リブレースタンクトップ
bag：Balenciaga
shoes：Le Talon
earrings：BEAMS
bracelet：JUICY ROCK

＃休日明け　＃体力勝負

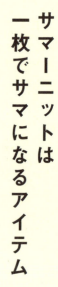

6 / 5 WED

リラックスデー

茶色いベルトはリラックス感が出る

柔らかな色同士を合わせるときは、ベルトをするとコーデが引き締まります。黒のベルトだとしっかりした印象が出ますが、写真のような茶系のベルトを合わせて、全身柔らかい色合いにするとリラックス感が強まります。

tops：ドレープブラウス
skirt：
ハイウエストシフォンプリーツスカート
bag：Sans Arcidet
shoes：ZARA
belt：J & M DAVIDSON
necklace, bangle：
JUICY ROCK

今日は予定なし　# 一人で買い物がてらのお散歩

6 / 6 THU

梅雨入り

一本傘を持つなら断然赤がおすすめ

赤い傘は、品がよく見える上に大人の色っぽさが出ます。合皮のバレエシューズも、レインシューズとして活躍します。傘と合わせて足元も明るい色にすれば、それだけで大人可愛い雨の日コーデになります。

tops：プレミアムリネンシャツ
bottoms：ウルトラストレッチジーンズ
bag：ZAKKABOX
shoes：GU
belt：J & M DAVIDSON
umbrella：WAKAO
pierce：ZAKKABOX
necklace：Les Bliss

＃雨　＃シンプルコーデに差し色

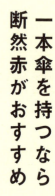

6 / 7 FRI

友人とお茶

華やかさを出したい日は黒×鮮やかな色を

黒×マスタードの配色はコントラストがつくので華やかになります。マスタードなら、華やかなのに嫌味がありません。少し大きめのピアスをすることで、シンプルなコーデもお出かけ仕様になります。

tops：
リップルクルーネックセーター
skirt：
ハイウエストドライストレッチタックスカート
bag：Balenciaga
shoes：Le Talon
pierce, necklace, bracelet：
JUICY ROCK

＃同級生　＃子どものお迎え前に待ち合わせ

6 / 8 SAT

習い事の見学

甘い色の洋服の日は髪をアップにする

「ピンク色を着たいときは、色数を抑える」と覚えておきましょう。なるべくシンプルにまとめることが、痛々しくならないためのカギです。甘い色の洋服の日は、髪の長い人はアップスタイルにすると凛とした雰囲気になります。

tops：プレミアムリネンシャツ
bottoms：
ウルトラストレッチジーンズ
bag：J & M DAVIDSON
shoes：adidas
pierce：JUICY ROCK
bracelet：MAISON BOINET

＃子どもの空手　＃昇段試験練習

6 / 9 SUN

子どもの昇段試験の付き添い

デニムシャツをウエストインすると女性らしさが出る

デニムシャツを女性らしく着るなら「ウエストイン」と覚えておきましょう。特に、ゆったりとしたシルエットのボトムスのときは、ウエストインは必須です。

tops：シャンブレーシャツ
bottoms：イージーアンクルパンツ
bag：ZARA
shoes：adidas
pierce：JUICY ROCK

#空手 #緑帯

6 / 10 MON

雨の日

こげ茶と赤の組み合わせは品よく華やかになる

蒸し暑い雨の日は、首元が大きく開いたサマーセーターがおすすめ。蒸れず、見た目にも涼しいです。また、こげ茶と赤の組み合わせは、同系色でなじみが良いので、派手過ぎない華やかさになります。

tops：オーバーサイズVネックセーター
bottoms：ウルトラストレッチジーンズ
bag：ZARA
shoes：velikoko
umbrella：WAKAO
pierce：JUICY ROCK
necklace：Les Bliss

＃蒸し暑さ　＃髪の毛はまとめる

1日デスクワーク

チノパンでもとろみブラウスならキレイめに

カジュアルなチノワイドパンツでも、とろみブラウスを合わせるとキレイめになるので、職場によってはお仕事にも対応できます。仕事着のポイントは、色味をそろえることと、強すぎる色を避けること。こうすると、カジュアル感が薄れます。

tops：ドレープブラウス
bottoms：ハイウエストチノワイドパンツ
bag：LOUIS VUITTON
shoes：outletshoes
belt：J & M DAVIDSON
pierce, necklace：JUICY ROCK

＃仕事の荷物大量

6 / 12 WED

1日デスクワーク

疲れ顔の日は華やかな色を顔まわりに

疲れ顔の日は、顔まわりに派手な色を持ってきましょう。派手なイエローカーデを肩がけするのもおすすめ。白×黄色でコントラストが強いので、小物を黒でまとめると落ち着きます。

tops：
UV カット V ネックカーディガン
bottoms：
ウルトラストレッチジーンズ
inner：**リブバレエネック T**
bag：Balenciaga
shoes：Le Talon
pierce：ZAKKABOX

#疲れ顔対策

友人宅へ

ボートネックは気取らない女性らしさが出る

普段着で大丈夫なちょっとした集まりには、ボートネックが便利です。肌が見えて女らしく、でも気取っては見えません。

tops：リップルクルーネックセーター
bottoms：イージーアンクルパンツ
bag：Sans Arcidet
shoes：CONVERSE
belt：J & M DAVIDSON
pierce：SLOBE IENA
bangle：PHILIPPE AUDIBERT

＃お迎え前　＃友人宅でケーキ　＃自転車移動

6 / 14 FRI

結婚記念日

優しい色合いのときはVネックを入れるとキリっと見える

Vネックは、キリっとした印象に見せます。とろみブラウスでVネックのものを選ぶと、とろみのきちんとした印象にキリっと感がプラスされるので、優しい色合い同士でも大人っぽく着こなせます。

tops：ドレープブラウス
skirt：
ハイウエストシフォンプリーツスカート
bag：ZARA
shoes：velikoko
belt：SLOBE IENA
pierce, bracelet：
JUICY ROCK
necklace：Les Bliss

#近くのカフェ

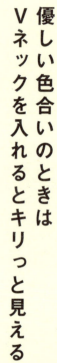

友人の子どもの誕生日

6
June

デニムシャツには白い小物を

バーベキューなど外でのイベントでは、汚れが目立ちにくいデニムシャツがおすすめ。デニムシャツの青には、白の小物がとても合います。バッグと靴を白にすると、スッキリ品よく見せられます。

tops：シャンブレーシャツ
skirt：
ハイウエストドライストレッチタックスカート
bag, belt：
J & M DAVIDSON
shoes：MINNETONKA
bracelet：JUICY ROCK

＃家族ぐるみ　＃お庭 BBQ

6 / 16 SUN

ヒーローショー

日よけにはリネンシャツ

日差しの強い日には、何といってもリネンシャツが便利です。日差しの強い日には、袖を自分で調節して、日差し除けにしましょう。襟が首元の日焼けもカバーしてくれます。

tops：
プレミアムリネンシャツ
bottoms：
ハイウエストチノワイドパンツ
bag：HELEN KAMINSKI
shoes：Le Talon
belt：J & M DAVIDSON
pierce：ZAKKABOX
bangle：JUICY ROCK

#屋上　#日差し

6 June

6 / 17 MON

1日デスクワーク

シワにならない組み合わせで アイロンいらず

サマーニット×とろみパンツは両方とも、座りっぱなしでもシワの心配がいりません。アイロンも必要ありません。急いでいる日におすすめのアイテムです。

tops：
オーバーサイズVネックセーター
bottoms：
ドレープワイドアンクルパンツ
bag：Balenciaga
shoes：Le Talon
belt：J & M DAVIDSON
earrings：BEAMS
bangle：Daniel Wellington

#アイロンいらず　#時短コーデ

6 / 18 TUE

1日デスクワーク

シャツをインするときは背中側を多めに出す

ピンクにグレーを合わせると、優しく、知的に見せてくれます。写真のように全部ウエストインすると、かっちりした印象がつくれます。カジュアルにしたいときは、前だけウエストインをして、背中側は入れずに、後ろを引っ張りましょう。自然に体型カバーもできます。

tops：プレミアムリネンシャツ
bottoms：
ハイウエストリボンワイドパンツ
bag：Balenciaga
shoes：Le Talon
pierce：ZAKKABOX

＃鉄板配色　＃仕事

6 / 19 WED

ショッピング

甘いスカートには黒のトップスを着る

甘めスカートを履きたいときは、黒のトップスにするとクールさが足されておしゃれに。さらに、バッグも靴も黒にすると、子どもっぽくなりません。黒は強い色なので、散らす小物は面積を小さくするといいでしょう。

tops：
リップルクルーネックセーター
skirt：
ハイウエストシフォンプリーツスカート
bag：Bertini
shoes：Le Talon
belt：SLOBE IENA
pierce：ZAKKABOX
bangle：JUICY ROCK

#駅ビル #ウィンドウショッピング

夏祭り打ち合わせ

ボーダーにはとろみボトムス

tops：ボーダーボートネックT
bottoms：ハイウエストリボンワイドパンツ
bag：ZAKKABOX
shoes：SESTO
pierce：BEAMS
bangle：PHILIPPE AUDIBERT

ボーダーには、とろみボトムスを合わせると新鮮さが出ます。とろみのきちんと感とボーダーのカジュアルが合わさって、おしゃれ上級者です。合わせるとろみボトムスや小物は、できれば淡い色だけでまとめ、他の色を入れないで着ると、ボーダーの黒が効きます。

#保育園

1日デスクワーク

濃いネイビーの細身のボトムスは「キレイめ」担当

デニムと白Tシャツという「カジュアル代表」な合わせも、キレイめに見せる方法があります。それはデニムを細身の濃いネイビーにし、Tシャツのネックラインを広いものにすること。これだけで、キレイめに見えます。

tops：
スウェットフルジップパーカ
bottoms：
ウルトラストレッチジーンズ
inner：リブバレエネック T
bag：ZARA
shoes：Le Talon
bangle：Daniel Wellington

＃オフィスでは置きジャケット

家族で焼肉

コンパクトトップス×ワイドパンツ×ウエストマークは最高に足が長く見える

足を長く見せるには、ワイドパンツにコンパクトなトップスを合わせ、ウエストマークしましょう。焼肉など、服ににおいがつきやすい食事では、全身洗濯機で洗えて、汚れを気にしなくていい濃い色の服だと心おきなく楽しめます。

tops：
リブバレエネック T
bottoms：
ハイウエストチノワイドパンツ
cardeigan：
UV カット
V ネックカーディガン
bag：Sans Arcidet
shoes：ZARA
pierce, bangle：
JUICY ROCK

＃洗濯しやすさ重視　＃足長

6 / 23 SUN

子どもと水あそび

春、夏はこげ茶のアイテムが便利

アースカラーは大人を美しく見せる色ですが、こげ茶は、美しく見せるうえに、何色にも合わせやすく便利です。夏が近いので、小物でボタニカル柄を入れて季節を楽しみましょう。

tops：
オーバーサイズVネックセーター
skirt：
ハイウエストシフォンプリーツスカート
inner：**リブレースタンクトップ**
bag：ZARA
shoes：ORiental TRaffic
pierce：JUICY ROCK

＃初夏　＃日影で見学

6 / 24 MON

資料作成

シャツ×すべて柔らかい色で統一でセンスがいいコーデに

襟のついたシャツはクールな雰囲気を出すので、甘めスカートと合わせると簡単に甘辛ミックスのコーデができます。シャツのクールさがあるので、小物も茶色にして、全体をすべて柔らかな色にしても甘すぎにはなりません。

tops：
プレミアムリネンシャツ
skirt：
ハイウエストシフォンプリーツスカート
bag：BEAUTY&YOUTH UNITED ARROWS
shoes：Le Talon
belt：J & M DAVIDSON
pierce：ZAKKABOX

＃締切　＃残業

資料作成

ボーダーには黒い小物

ボーダーに白のボトムスを合わせるのも、相性抜群です。ボーダーのときは、小物をすべて黒で統一するとおしゃれにまとまります。

tops：ボーダーボートネックT
bottoms：ウルトラストレッチジーンズ
bag：Balenciaga
shoes：Le Talon
belt：J & M DAVIDSON
pierce：JUICY ROCK
bangle：PHILIPPE AUDIBERT

＃締切　＃残業２日目

6 / 26 WED

習い事を見学

グラデーションコーデはおしゃれの基本

出せばオシャレに見える「立体感」を簡単に手に入れる方法はふたつあります。ひとつは、色のコントラストをはっきりつけて目立たせること、もうひとつが、同系色のアイテムを合わせコーデに奥行きを出すこと。迷ったら「同系色」コーデはおしゃれの基本です。

tops：
UV カット V ネックカーディガン
skirt：
ハイウエストドライストレッチタックスカート
inner：リブバレエネック T
bag：MAISON KITSUNÉ
shoes：CONVERSE
pierce：ZAKKABOX
necklace：Les Bliss

＃空手　＃見学

図書館

夏のパーカーはネイビーにする

春夏のパーカーは、ネイビーがおすすめ。黒は大人の女性の顔をきつく見せることがあるけれど、ネイビーだと品よく優しく見せてくれます。また、キレイめボトムスにもネイビーのほうが合わせやすいです。

tops：
スウェットフルジップパーカ
bottoms：
ハイウエストリボンワイドパンツ
inner：リブバレエネックT
bag：ZAKKABOX
shoes：VANS
earrings：BEAMS

＃お弁当レシピ

スニーカーには小さいバッグ

スニーカーのときにおすすめしたいのが、小さめのバッグ。小さいバッグは大人っぽいアイテムなので、スニーカーと合わせると、テイストがミックスされておしゃれに見えるからです。また、デニムシャツはボタンを3つか4つ、大きく開けると女らしい着こなしになります。

tops：
シャンブレーシャツ
skirt：
ハイウエストシフォンプリーツスカート
inner：リブバレエネック T
bag：Anya Hindmarch
shoes：adidas

＃一駅分歩く　＃スニーカー　＃社内置き靴

6 / 29 SAT

子ども服買い物

そろそろカゴバッグを持つとおしゃれな時期

季節の変わり目に、次の季節のアイテムを先どりして持つと、それだけでおしゃれに見えます。バッグは目立つので、一番に取り入れるならバッグがおすすめ。小物なら気温にも左右されないので早めに取り入れやすいです。

tops：ドレープブラウス
skirt：
ハイウエストドライストレッチタックスカート
bag：Sans Arcidet
shoes：adidas
belt：J & M DAVIDSON
pierce, necklace：
JUICY ROCK

＃買い物　＃子ども服はサイズアウトが早い

6 / 30 SUN

出産のお祝いへ

サマーニットにプリーツスカートを合わせるとリラックス感が出る

サマーニットにプリーツスカートは、日常生活の中で浮かない、自然なリラックス感が出るので、暑くなる時期におすすめ。ベルトや靴のソールのラインなどでほんの少し濃い色を取り入れると、コントラストがついて立体感がでます。

tops：
オーバーサイズVネックセーター
skirt：
ハイウエストシフォンプリーツスカート
bag：LOUIS VUITTON
shoes：CONVERSE
belt：Whim Gazette
pierce：ZAKKABOX
bangle：JUICY ROCK

＃同級生 ＃お祝い

[第2章]

Summer

ALL UNIQLO ITEM

BOTTOMS

デニム
ワイドパンツ

チノ
ワイドパンツ

リネンパンツ

デニム
（ネイビー）

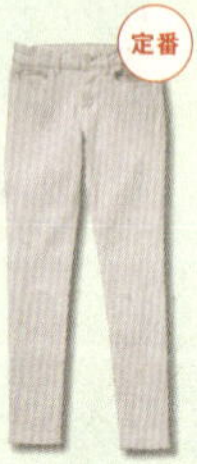

デニム
（白）

デニム
（グレー）

Aラインスカート
（ネイビー）

コットンスカート
（マスタード）

コットンスカート
（カーキ）

ハーフパンツ
（白）

夏のカーキは特におしゃれに見える

ALL UNIQLO ITEM

TOPS

フレア袖の
トップス

ノースリーブの
トップス（赤）

リネンシャツ
（ブルー）

リネンシャツ
（イエロー）

ノースリーブの
とろみトップス

袖がふくらんだ
トップス

Tシャツ
（ピンク）

リブTシャツ
（黒）

長袖のとろみ
シャツ

ボーダー

送別会

ネイビーのとろみ長袖は夏の必需品

夏にとろみの長袖シャツは万能です。品がよく、涼しい雰囲気になります。暑すぎる日は袖をまくりましょう。色はネイビーなら、きちんとした格好をしたい日にも大活躍です。

tops：レーヨンエアリースキッパーカラーブラウス
bottoms：ハイウエストチノワイドパンツ
bag：ZAKKABOX
shoes：velikoko
stole：macocca
pierce：ZAKKABOX
bangle：Daniel Wellington

＃同僚

7/2 TUE

仕事

7 July

寒色同士の組み合わせは知的になる

寒色同士の洋服を合わせると大人っぽさが出ます。アイテムはカジュアル同士でもOKです。クールで知的な雰囲気が出るので、ぜひ試してみてください。

tops：プレミアムリネンシャツ
bottoms：ウルトラストレッチジーンズ
bag：MUUN
shoes：Le Talon
stole：macocca
earrings：BEAMS

＃資料集め　＃日焼け対策

7 / 3 WED

姉とカフェへ

フリル袖の日は黒を散りばめる

袖にフリルがあるものは、それだけで華やかに見えます。フリルがあるものを着た日には、黒を散りばめましょう。甘さが抑えられます。黒の大きめバッグにすれば、カジュアルダウンもできて、さらに甘さを抑えられます。

tops：
マーセライズコットンフレアスリーブT
bottoms：
ウルトラストレッチジーンズ
cardigan：
UVカットVネックカーディガン
bag, pierce：ZAKKABOX
shoes：AmiAmi
bangle：JUICY ROCK

＃待ち合わせ

7 / 4 THU

仕事

とろみタンクは着丈が長いものを選ぶ

とろみのタンクトップは、あえて着丈が長めのものを選びましょう。腰回りが隠せて、カジュアルな雰囲気になるので着こなしが広がります。丈を短く見せたい日は、ウエストインをすればOKです。また、タンクトップが苦手な方は、肩をすべて隠してくれるフレンチスリーブがいいですよ。

tops：
ドレープタンクブラウス
bottoms：
ウルトラストレッチジーンズ
bag：
AMERICAN RAG CIE
shoes：Le Talon
pierce, necklace：
JUICY ROCK

7 July

#とろみ #キレイめカジュアル

7/5 FRI

子どもと映画

上下をリネンにすると海外セレブになる

上下リネン素材の洋服の組み合わせは、海外セレブの雰囲気が出ますので、一度試してみてほしいコーデです。また、淡い色の組み合わせに、サングラスなどの固めで光沢のある小物を加えれば、高見えさせることができます。

tops：プレミアムリネンシャツ
bottoms：
コットンリネンイージーパンツ
bag：ZAKKABOX
shoes：Ipanema
sunglasses：Moncler
pierce：ZAKKABOX
bracelet：JUICY ROCK

#アニメ　#リラックス

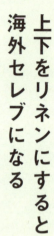

7 / 6 SAT

散歩

赤にはナチュラル素材の小物で浮かない

夏は思いきり明るい赤を楽しめる季節。季節感が出て、とても素敵に見えます。夏の赤にはナチュラル素材の小物を合わせましょう。カジュアルな素材は赤をコーデになじませるので、そこだけ浮くことがありません。

tops：
コットンエンブロイダリーブラウス
skirt：
ハイウエストコットンローンボリュームスカート
bag：HAYNI
shoes：ROSE BUD
hat：DEVILISH TOKYO
pierce, bangle：
ZAKKABOX

＃家族　＃公園

7/7 SUN

友人家族と食事

ハーフパンツは白を選ぶ

ハーフパンツは白がおすすめ。大人っぽいアイテムはもちろん、可愛い系のベルトやバッグを合わせても、さわやかにまとめてくれるからです。

tops：
プレミアムリネンシャツ
bottoms：
チノショートパンツ
inner：**リブタンクトップ**
bag：LUDLOW
shoes：ROSE BUD
earrings：BEAMS
necklace：TIFFANY
bangle：Daniel Wellington
belt：Whim Gazatte

#七夕　#流しそうめん

7 / 8 MON

健康診断

夏のアースカラーは特におしゃれに見える

アースカラーだけのコーデはそれだけでおしゃれに見えますが、夏にアースカラーを着ていると、より上級者に見えます。カーキは重く見える色ですが、リネン混のアイテムなら素材の軽さで重苦しく見えません。アースカラーの日は、髪をゆるくまとめるとさわやかに見えます。

tops：
コットンリネン T ブラウス
skirt：
シアサッカーフレアスカート
bag：Bertini
shoes：Le Talon
stole：macocca
pierce, bracelet：
JUICY ROCK
necklace：Les Bliss

＃脱ぎ着しやすいアイテム

7 / 9 TUE

仕事

足を長く見せるためには上下をダークカラーでそろえる

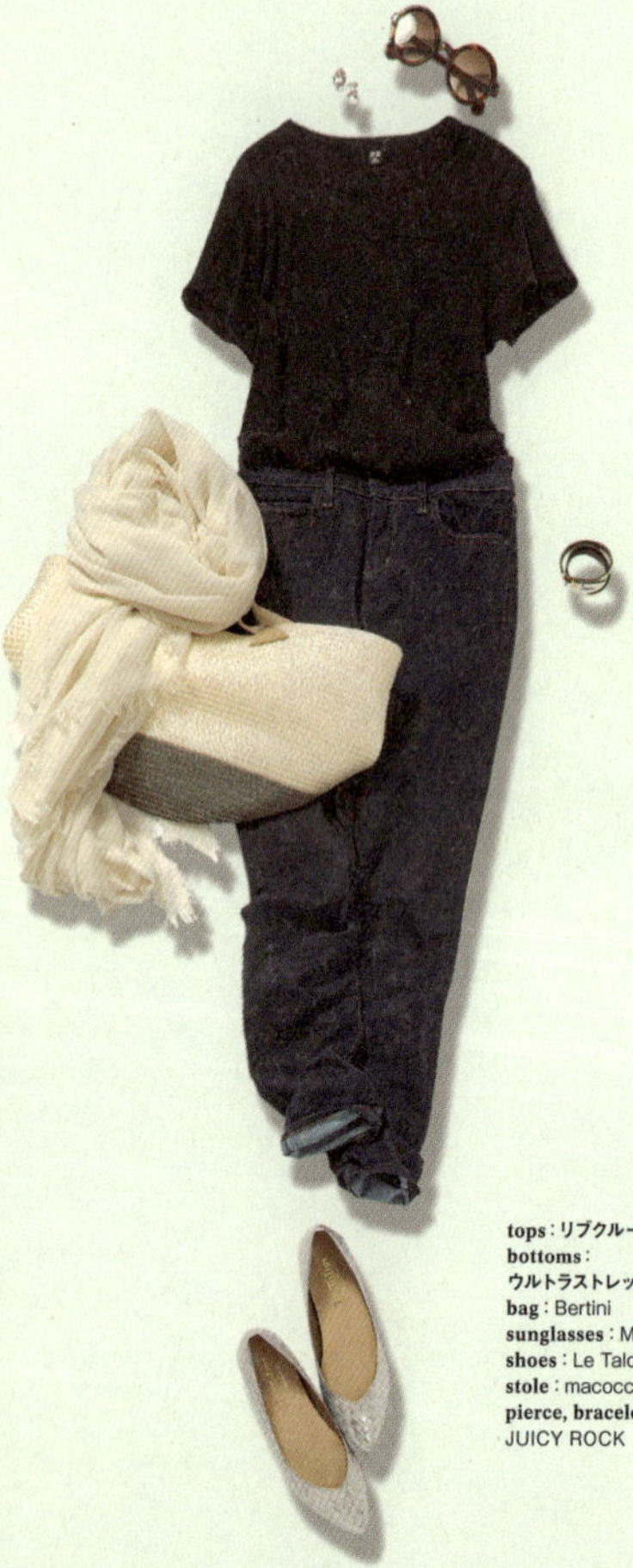

足を長くスタイルをよく見せる「Iラインシルエット」をつくるには、上下ダークカラーでそろえるのがいちばん簡単です。これでスタイルアップができたら、次は小物に白を散りばめて、地味な色に女らしさを足しましょう。

tops：リブクルーネック T
bottoms：
ウルトラストレッチジーンズ
bag：Bertini
sunglasses：Moncler
shoes：Le Talon
stole：macocca
pierce, bracelet：
JUICY ROCK

シンプルコーデ

スーパーで買い物

リュックにはリネンシャツが合う

リュックにリネンシャツを合わせると、普段着なのにどこかあかぬけたコーデになり、ちょうどよいラフ感が出ます。3色以内でまとめると、カジュアル過ぎない雰囲気になります。

tops：
プレミアムリネンシャツ
skirt：
ハイウエストコットンローン
ボリュームスカート
bag：PORTER
shoes：CONVERSE
earrings：BEAMS

特売日

7 / 11 THU

1日デスクワーク

白いデニムは淡い色の同系色コーデがつくりやすい

一年中で一番使い回せるデニムはホワイトデニムです。軽さが出て女性らしくなり、合わない色もありません。写真のように、淡い色のシャツと合わせ、小物も同系色で少し濃い色を持ってくると、グラデーションも簡単につくれます。

tops：
プレミアムリネンシャツ
bottoms：
ウルトラストレッチジーンズ
bag：LOUIS VUITTON
shoes：Le Talon
belt：
JOURNAL STANDARD
pierce：ZAKKABOX

＃資料作成

7 / 12 FRI

美容院

夏のストールは アイボリーやベージュ

赤とマスタード色の組み合わせも、色同士が調和しておしゃれです。ただ、このような濃い色を合わせるときは、白の小物を入れることを忘れずに。軽さが出ます。夏のストールは、アイボリーやベージュをまず持つのがおすすめ。グラデーションをつくるのにも、軽さを足すのにも使えます。

tops：
コットンエンブロイダリーブラウス
skirt：
ハイウエストコットンローンボリュームスカート
bag：Sans Arcidet
shoes：Le Talon
stole：macocca
pierce, necklace ,bangle：
JUICY ROCK

＃ヘッドスパ　＃気分転換

7 / 13 SAT

夏のセール

夏は派手なサンダルを選ぶ

夏は派手なサンダルのほうが、季節感が出て活躍します。ぺたんこサンダルのときには、忘れずにトップスをスカートにイン。これだけで、足が長く見えます。

tops：ドレープタンクブラウス
skirt：ハイウエストコットンローンボリュームスカート
bag：LUDLOW
shoes：ROSE BUD
pierce, bangle：JUICY ROCK
necklace：Les Bliss

＃混雑　＃見るだけでも楽しい

家でDVD鑑賞

夏はフリンジつきのバッグが季節感を出す

夏のボーダーは、襟ぐりが広めに開いているものにすると、やせて見えます。効果抜群なのでぜひ試してみてください。ボーダーとデニムという部屋着に見えがちなコーデも、フリンジなどで存在感があるバッグや、派手なサンダルなどの小物を散りばめれば、立派なお出かけコーデになります。

tops：
ボーダークルーネックT
bottoms：
ウルトラストレッチジーンズ
bag：Fallon&Royce
shoes：ZARA
sunglasses：Moncler
pierce：SLOBE IENA
bangle：
PHILIPPE AUDIBERT

夕方からは家族で買い物

7 / 15 MON

友人とランチ

黒とグレーはどんなカジュアルアイテムもキレイめに見せる

黒とグレーの組み合わせは、都会感が出ます。たとえカジュアルアイテム同士でも部屋着になんて見えません。これにベージュを差すと、ツンツンしていない、好感度の高い大人っぽさになります。

tops：リブクルーネックＴ
cardigan：
UV カットＶネックカーディガン
bottoms：
ウルトラストレッチジーンズ
bag：Balenciaga
shoes：velikoko
pierce：ZAKKABOX
necklace：JUICY ROCK

＃昼休憩　＃カフェランチ

7 / 16 TUE

児童館へ

厚手でクルーネックのTシャツは高見えする

Tシャツを選ぶなら、厚手のものにしましょう。特に、首元の詰まったクルーネックのものは、生地の薄いものを選ぶと、途端に安っぽく見えてしまいます。光沢があり、目の詰まったものが特におすすめです。シンプルなTシャツこそ、きちんと選ぶとまわりと差をつけられます。

tops：クルーネック T
bottoms：
ウルトラストレッチジーンズ
bag：
AMERICAN RAG CIE
shoes：outletshoes
pierce, bracelet：
JUICY ROCK
necklace：Les Bliss

#読み聞かせ

7 / 17 WED

子どものスクールのつきそい

「きちんと見える」ブルーのグラデーション

ネイビーは本当に大人の味方。落ち着いた、しかもさわやかなイメージを必ず与えます。これに、同じさわやかさを出す薄いブルーのシャツを合わせれば、夏にきちんと見せたいときにぴったりです。

tops：プレミアムリネンシャツ
skirt：
シアサッカーフレアスカート
bag：MUUN
shoes：titivate
blacelet, pierce：
JUICY ROCK
necklace：Les Bliss

#パソコン　#スキルアップ

7 / 18 THU

1日デスクワーク

暑い夏はアクセサリーをすべてシルバーにする

とても暑い日には、小物をシルバーですべてそろえましょう。ゴールドにはない凛としたクールさが出ます。特に顔まわりにシルバーのアクセサリーを足せば、より涼しげな雰囲気になります。

tops：
ドレープタンクブラウス
bottoms：
ウルトラストレッチジーンズ
bag：Bertini
shoes：Le Talon
pierce：JUICY ROCK
necklace：TIFFANY
bangle：Daniel Wellington

＃猛暑日

7 / 19 FRI

保護者会

学校へ行く日は モノトーンにして素材をカジュアルにする

tops：リブクルーネックT
bottoms：ウルトラストレッチジーンズ
bag：AMERICAN RAG CIE
shoes：velikoko
belt：Whim Gazette
pierce：JUICY ROCK

学校へ行く日は、「キレイめすぎず、カジュアルすぎない」が合言葉です。写真のようなモノトーンの色合わせはキレイめに見えますが、素材はカジュアルなので、キレイめとカジュアルがミックスされます。ダメージデニムやスウェットはラフになるので避けましょう。

#モノトーン

電車を見に陸橋へ

ワイドパンツにビーチサンダルを合わせて海外セレブ風になる

夏におすすめなのが、ワイドデニムにビーチサンダルと合わせること。これだけで、おしゃれに慣れている海外セレブのような雰囲気が出ます。これさえすれば、トップスは何でもOK。普段のコーデを底上げしてくれます。

tops：
プレミアムリネンシャツ
bottoms：
ハイライズワイドジーンズ
bag, pierce：ZAKKABOX
shoes：Ipanema
belt：J & M DAVIDSON
necklace：TIFFANY

＃長男次男　＃電車好き

7 / 21 SUN

家で掃除デー

フリル袖のときは肌を見せるとおしゃれ

華やか見えするフリル袖は、それだけで主役なので、他のアイテムに強い色を持ってこないのがポイントです。こういう甘さが出るものには、さりげなく肌を見せるとおしゃれ。足元はサンダル、髪はアップにすると、大人の艶っぽさが出ます。

tops：
マーセライズコットンフレアスリーブT
bottoms：
ウルトラストレッチジーンズ
stole：pyupyu
bag：Fallon&Royce
shoes：ROSE BUD
pierce, necklace, bangle：
JUICY ROCK

＃一人時間　＃息抜き

7 / 22 MON

水あそびに公園へ

パステルカラーは品が出る

Tシャツにコットンスカートというラフ感の強いアイテムのコーデを、部屋着にしないポイントは「色」。これまでによく出てきたモノトーンや、グラデーションはもちろん、写真のようなくすんだパステルの色はコントラストが弱まる分、品よくまとまります。

tops：クルーネック T
skirt：
ハイウエストコットンローン
ボリュームスカート
bag：HAYNI
shoes：Ipanema
pierce：JUICY ROCK
necklace：Les Bliss

＃猛暑日

同僚とランチ

ブルー×ブラウンは知的で高級感のある雰囲気が出る

ブルー×ブラウンは、覚えておいて損はない色合わせです。知的で高級感のある雰囲気になります。男性っぽいイメージも出る配色なので、小物は女性らしさがあるものにしましょう。

tops：
プレミアムリネンシャツ
bottoms：
ウルトラストレッチジーンズ
bag：LUDLOW
shoes：Le Talon
belt：Whim Gazette
pierce：ZAKKABOX
necklace：Les Bliss

#丑の日　#うなぎボウル

7 / 24 WED

子どもと昼食づくり

ハーフパンツはトップスに女性らしさを忘れずに

ハーフパンツは、男っぽい雰囲気が出るアイテムなので、トップスは襟元を開けて、女性らしさを忘れずに。ボタンがあるものならボタンをあけたり、写真のように少し身体のラインが出るTシャツなどで、女性らしさを出しましょう。ハーフパンツのメンズ感とミックスされます。

tops：リブクルーネック T
bottoms：
チノショートパンツ
cardigan：UV カット
V ネックカーディガン
bag：MUUN
shoes：Sand by Saya
necklace：JUICY ROCK
pierce：ZAKKABOX

＃夏休みスタート

7 / 25 THU

同僚と飲み会

フリル袖とフレアスカートの甘いコーデも重い色にすると大人っぽく着られる

tops：
マーセライズコットンフレアスリーブT
skirt：
シアサッカーフレアスカート
bag：Balenciaga
shoes：AmiAmi
pierce, necklace, bracelet：
JUICY ROCK

フリル袖のトップスは、フレアスカートを合わせて甘い雰囲気を出すのもおすすめ。甘いといっても、スカートや小物を重い色合いにすれば、落ち着いた雰囲気に仕上がります。また、靴を細いストラップのものにして、足首を華奢に見せると女性らしさがぐっと上がります。

同期会

図書館

7

July

淡いピンクのTシャツは顔色を明るく見せる

淡いピンクも大人の味方。着るだけで顔色が明るく見えるからです。また、白のボトムスは若々しく見えるアイテム。白のボトムスを買うときは、ワンサイズ上を選びましょう。肉感を拾わずすっきり見えます

tops：クルーネックT
bottoms：ウルトラストレッチジーンズ
bag：Bertini
shoes：Le Talon
pierce：SLOBE IENA
necklace, bangle：JUICY ROCK

＃子ども　＃夏休み　＃課題図書

7 / 27 SAT

公園へ

ゆるめのリネンパンツはそれだけでコーデにリラックス感を出す

写真のようなゆるめのリネンパンツは、リラックス感を簡単に足してくれます。足元にゴールドのサンダルを合わせると、ラフだけれど手抜きに見えない夏コーデができます。

tops：ボーダークルーネックT
bottoms：
コットンリネンイージーパンツ
bag：ZAKKABOX
shoes：ZARA
hat：DEVILISH TOKYO
earrings：BEAMS
necklace：JUICY ROCK

＃暑さ対策　＃ザリガニ釣り

7 / 28 SUN

花火大会

夜のお出かけは赤×デニムが華やか

夕方以降のお出かけは、目立つトップスを選びましょう。コントラストの強い色の組み合わせは、華やかさが出ます。もちろん立体感も出ておしゃれです。華やかな色のときは、白のストールを持てば、軽さが出て全体を調和してくれます。

tops：
コットンエンブロイダリーブラウス
bottoms：
ウルトラストレッチジーンズ
bag：Sans Arcidet
shoes：Sand by Saya
stole：macocca
pierce：ZAKKABOX
bangle：JUICY ROCK
necklace：Les Bliss

＃徒歩で土手まで

7 / 29 MON

仕事

とろみトップスは黒だけは選ばない

とろみトップスを持つときに失敗しがちなのが、黒を選んでしまうこと。黒は強い色なので、顔まわりにくるときつく見えてしまいます。とろみはどうしてもきっちりして見えるアイテムなので、黒だと入学式や結婚式のようなセレモニー感が出てしまって危険です。

tops：
レーヨンエアリースキッパーカラーブラウス
bottoms：
ウルトラストレッチジーンズ
bag：LUDLOW
shoes：Le Talon
pierce：ZAKKABOX
necklace：TIFFANY
bangle：Daniel Wellington

#打ち合わせ

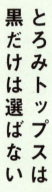

7 / 30 TUE

友人と子連れでお買い物

トップスと小物をグラデーションにするとおしゃれ

ボトムス以外、トップスと小物だけで同色のグラデーションをつくるのもおすすめ。とてもおしゃれに見えます。小物でつくれば、体はスッキリと細く見えるのに、コーデ全体に立体感が出せて一石二鳥です。

tops：プレミアムリネンシャツ
bottoms：ウルトラストレッチジーンズ
inner：リブレースタンクトップ
bag：ZAKKABOX
shoes：Le Talon
stole：macocca
pierce：ZAKKABOX
necklace：TIFFANY

#ショッピングモール

7 / 31 WED

誕生日ランチ

明るい色のアイテムはつるっとした生地は選ばない

派手な明るい色を選ぶときは、つるっとした素材よりも、コットンのようなザラザラとした光沢が抑えられたものを選ぶと失敗しません。つるっとした素材はどうしても安っぽく見えてしまいます。

tops：
コットンエンブロイダリーブラウス
skirt：
シアサッカーフレアスカート
bag：ZAKKABOX
shoes：titivate
pierce：JUICY ROCK
necklace：TIFFANY

＃同級生

8 / 1 THU

1日デスクワーク

ベージュのコーデは黒を入れて引き締めること

ベージュアイテムが多めのときは、黒のアイテムをどこかに入れましょう。ベージュは膨張して見えるので、黒で引き締めるとほっそり見えます。

tops：
マーセライズコットンフレアスリーブT
skirt：
ハイウエストコットンローンボリュームスカート
cardigan：UVカットVネックカーディガン
bag：Sans Arcidet
shoes：Le Talon
pierce, necklace：
JUICY ROCK

#早上がり　#寄り道　#駅ビル

8 / 2 FRI

買い出し

ハーフパンツのとき は大きめのイヤリングを楽しむ

ラフに見えるハーフパンツですが、襟が抜けるシャツと合わせると、大人カジュアルになります。大きめのイヤリングやゴールドのベルトなど、目立つ小物を組み合わせるのがおすすめ。嫌味にならず、ヘルシーな華やかさが出ます。

tops：プレミアムリネンシャツ
bottoms：チノショートパンツ
bag：HAYNI
shoes：
AMERICAN RAG CIE
belt：JOURNAL STANDARD
pierce：SLOBE IENA
bracelet：JUICY ROCK

＃スーパー　＃タイムセール

8 / 3 SAT

古希祝い

お祝いにはネイビーが間違いがない

お祝いの席は、ネイビーの上下なら間違いありません。ここで黒を選んでしまうと、セレモニー感が出て、重すぎる雰囲気になってしまいます。バッグは明るい色を選んで華やかさを足しましょう。

tops：
レーヨンエアリースキッパーカラーブラウス
skirt：
シアサッカーフレアスカート
bag：Bertini
shoes：titivate
pierce：JUICY ROCK
necklace：TIFFANY

#70歳　#父　#実家でお祝い

8 / 4 SUN

海

海に行く日はワイドパンツが便利

足を水につけて遊ぶ日は、裾をクルクルとめくりやすいワイドパンツが役立ちます。また、華やかな赤いトップスも遊びに行くのにぴったり。胸から下にギャザーが入ったトップスにすれば、ウエストもカバーしてくれます。

tops：
コットンエンブロイダリーブラウス
bottoms：
ハイライズワイドジーンズ
bag：ZAKKABOX
shoes：Ipanema
hat：DEVILISH TOKYO
necklace：Les Bliss
bangle：JUICY ROCK

＃日帰り　＃ドライブ

8 / 5 MON

学童の集まり

イエローは幸せな色

イエローは幸福感を与える色なので、好印象を持ってもらいたい日におすすめ。柔らかなイエローならコーデにも取り入れやすいです。グレーとの相性は抜群です。

tops：プレミアムリネンシャツ
bottoms：ウルトラストレッチジーンズ
bag：AMERICAN RAG CIE
shoes：Le Talon
earrings：BEAMS
bangle：Daniel Wellington

＃懇親会

8 / 6 TUE

図書館

とろみブラウスはリュックと相性よし

仕事やお出かけに使えるとろみブラウスですが、リュックとスニーカーとも相性抜群です。しっかりした印象のコーデがカジュアルダウンされておしゃれに見えます。

tops：
レーヨンエアリースキッパーカラーブラウス
skirt：
ハイウエストコットンローンボリュームスカート
bag：PORTER
shoes：CONVERSE
pierce, necklace：
JUICY ROCK

＃子どもの宿題　＃課題図書

8 / 7 WED

パン屋さんへ

とろみとリネンアイテムの合わせはかなりの上級者に見える

tops：ドレープタンクブラウス
bottoms：
コットンリネンイージーパンツ
bag：Sans Arcidet
charm：ZAKKABOX
shoes：ROSE BUD
stole：pyupyu
pierce, bracelet：
JUICY ROCK
necklace：Les Bliss

とろみトップスとリネンボトムスもぜひ合わせてみてほしいコーデです。異素材がミックスされるので、かなりのおしゃれ上級者に見えます。ポイントは、とろみトップスの腰のあたりに余裕を持たせてブラウジングすること。身体にぴったりさせずに着ることで、コンサバにならずにキレイめ感が出ます。

8
August

＃新規オープン　＃話題　＃駅ビル

8 / 8　THU

お中元を買いに

全身ブラウンのコーデには固い素材をミックスする

全身茶色のコーデは、柔らかく女性らしく見えます。ポイントは、固め素材のバッグや靴、ベルトを入れて素材でメリハリをつけること。チャームも季節感が出せるので、いろいろ楽しんでつけましょう。

tops：マーセライズコットンフレアスリーブT
bottoms：ハイウエストチノワイドパンツ
bag：ZARA
shoes：Le Talon
belt：J & M DAVIDSON
pierce：ZAKKABOX
bangle：JUICY ROCK

#デパート

旅行準備

夏のグレーデニムはそれだけで都会的

tops：クルーネックT
bottoms：
ウルトラストレッチジーンズ
bag：LUDLOW
shoes：titivate
pierce, bangle：
ZAKKABOX

夏は、グレーデニムを履くだけでおしゃれに見えます。グレーのデニムは、さわやかで都会的な雰囲気を持つので、甘めカラーもスマートにまとめてくれます。コーデがシンプルなので、小物にボリュームのあるものを足しましょう。

#100円ショップ　#薬局　#不足品購入

8 / 10 SAT

沖縄旅行１日目

ボーダーには白デニムを合わせるとさわやかに見える

旅行1日目と最終日は、同じトップスを使うことを考えて乾きやすいものがおすすめ。旅行には、カジュアルコーデに最高の相性のボーダーが便利です。ボーダーは、デニムや靴やバッグなど、全体的にホワイトが多い配色をすることでさわやかなコーデになります。

tops：ボーダークルーネックT
bottoms：
ウルトラストレッチジーンズ
bag：Bertini
shoes：adidas
pierce：ZAKKABOX
bangle：
PHILIPPE AUDIBERT

#3泊４日　＃トップス３着ボトムス２着　＃着まわし

8 / 11 SUN

沖縄旅行2日目

旅行にはとろみブラウス

旅行にカジュアルなボーダーを持って行ったら、もう一枚はとろみトップスにすると、レストランに行くときなどに使えるので便利です。シワにもならないし、小さくもたためます。また、夏の旅行ならバッグはスーツケースにしまえる軽いカゴバッグが、夏っぽく抜けが出てさわやかです。

tops：ドレープタンクブラウス
skirt：
ハイウエストコットンローン
ボリュームスカート
bag：Sans Arcidet
shoes：
AMERICAN RAG CIE
pierce, necklace：
ZAKKABOX
bangle：JUICY ROCK

#3泊4日　#トップス3着ボトムス2着　#着まわし

8 August

8 / 12 MON

沖縄旅行３日目

白のデニムは旅先で大活躍する

トップスはもう一枚、華やかな色を入れてもいいでしょう。1日目に履いたホワイトデニムなら、どんなトップスとも合います。コントラストのついた派手めコーデで、旅を思いきり楽しみましょう。

tops：
コットンエンブロイダリーブラウス
bottoms：
ウルトラストレッチジーンズ
shoes：
AMERICAN RAG CIE
pierce：ZAKKABOX
necklace：Les Bliss
bangle：JUICY ROCK

#3泊4日　＃トップス３着ボトムス２着　＃着まわし

8 / 13 TUE

沖縄旅行最終日

8
August

旅先ではAラインシルエットを心がけると雰囲気が変わる

スポーティになりがちな旅行のコーデですが、Aラインシルエットを心がけると、大人可愛いコーデになります。薄手ボーダーはウエストインすることで、ラフになりすぎずに着ることができます。

tops：ボーダークルーネックT
skirt：
ハイウエストコットンローン
ボリュームスカート
bag：Sans Arcidet
shoes：adidas
pierce：ZAKKABOX
bangle：
PHILIPPE AUDIBERT

#3泊4日　#トップス3着ボトムス2着　#着まわし

旅行の片づけ＆洗濯

夏は袖にポイントがあるものを持っておこう

シンプルになりがちな夏コーデ。夏は、袖にポイントがあるトップスを持っておくと重宝します。首まわりに装飾があるものだとフェミニンになりすぎますが、袖にポイントがあるものなら甘すぎない女性らしさが出ます。

tops：
コットンリネンＴブラウス
bottoms：チノショートパンツ
bag：Bertini
shoes：ZARA
pierce, necklace：
JUICY ROCK

＃スーパーへ買い出しにも　＃バタバタ

義母と食事

濃い差し色を入れなければ柔らかい雰囲気が出る

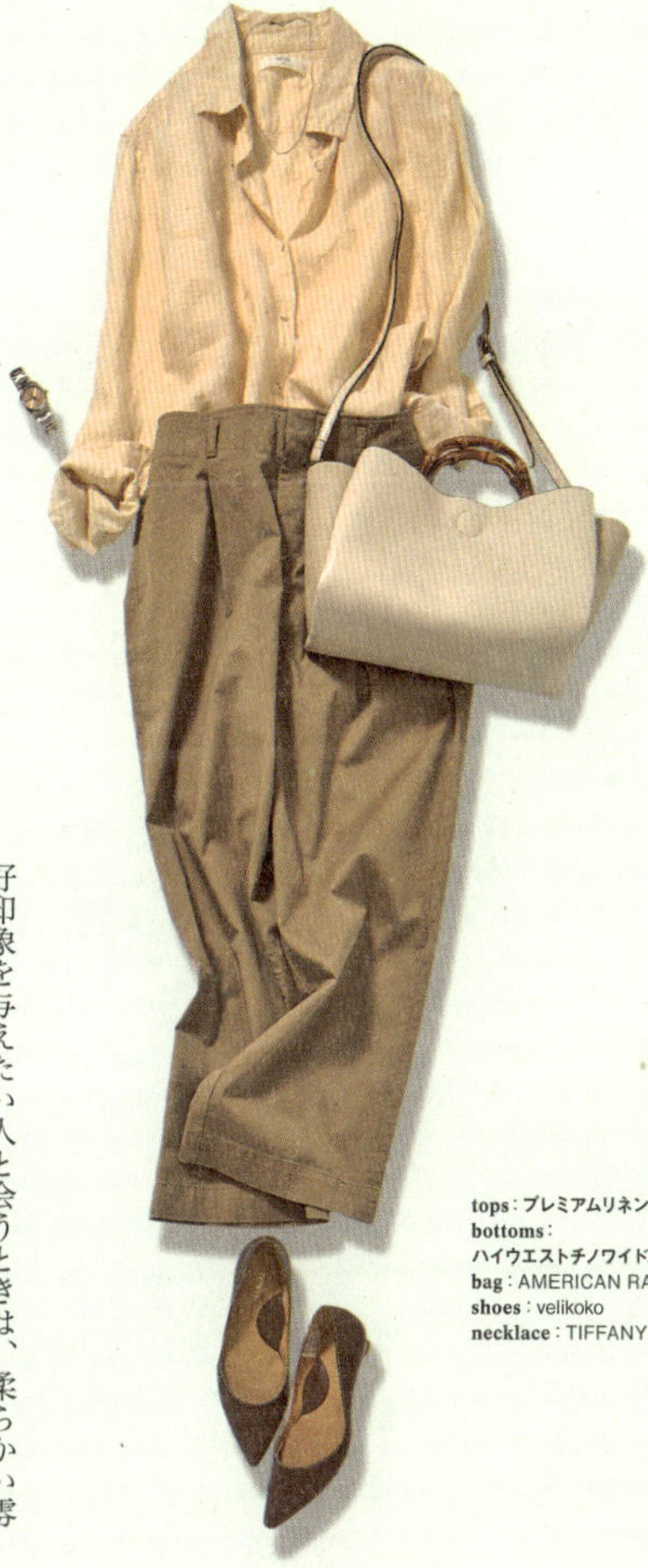

好印象を与えたい人と会うときは、柔らかい雰囲気に仕上げるのがポイントです。鮮やかな色や黒などの濃い差し色を入れなければ、柔らかくなります。

tops：プレミアムリネンシャツ
bottoms：
ハイウエストチノワイドパンツ
bag：AMERICAN RAG CIE
shoes：velikoko
necklace：TIFFANY

#ファミレス　#孫の顔を見に

8 / 16 FRI

保育園の夕涼み会

落ち着いた色合い同士の服はコーデに深みが出る

ベージュとグリーンのアースカラーは、おしゃれ上級者に見える配色です。落ち着いた色合い同士は、コーデに深みを出すからです。また、小物は服の色を拾うと、コーデがばらけません。

tops：マーセライズコットンフレアスリーブT
skirt：ハイウエストコットンローンボリュームスカート
bag：MUUN
shoes：ROSE BUD
pierce：JUICY ROCK

＃納涼　＃ミニ縁日

8 / 17 SAT

友人宅へ

小さな面積で黒を散りばめると野暮ったくならない

ボーダーのときは、バッグやサンダルを黒にするなど、小さな面積でところどころ黒を入れてコーデを引き締めてみましょう。黒を小さく散りばめると、野暮ったくなりません。

tops：ボーダークルーネック T
bottoms：
ハイウエストチノワイドパンツ
bag：RUE DE VERNEUIL
shoes：Ipanema
pierce：JUICY ROCK
belt：J&M DAVIDSON

8 August

#子ども #お泊まり会

8 / 18 SUN

公園

ふんわりした袖のものは二の腕を細く見せる

二の腕を華奢に見せる効果があるのが、ふんわりとした袖のトップス。そのうえ、首まわりの開きがゆったりしているボートネックのものを選ぶと鎖骨が見えるので、上半身も細く見えて一石二鳥です。

tops：
コットンリネン T ブラウス
bottoms：
ハイライズワイドジーンズ
bag：MUUN
shoes：Ipanema
pierce, necklace, bracelet：
JUICY ROCK

＃夏休み　＃サンダル　＃日焼け

1日デスクワーク

とろみトップスはいつもよりボタンをひとつ多くあける

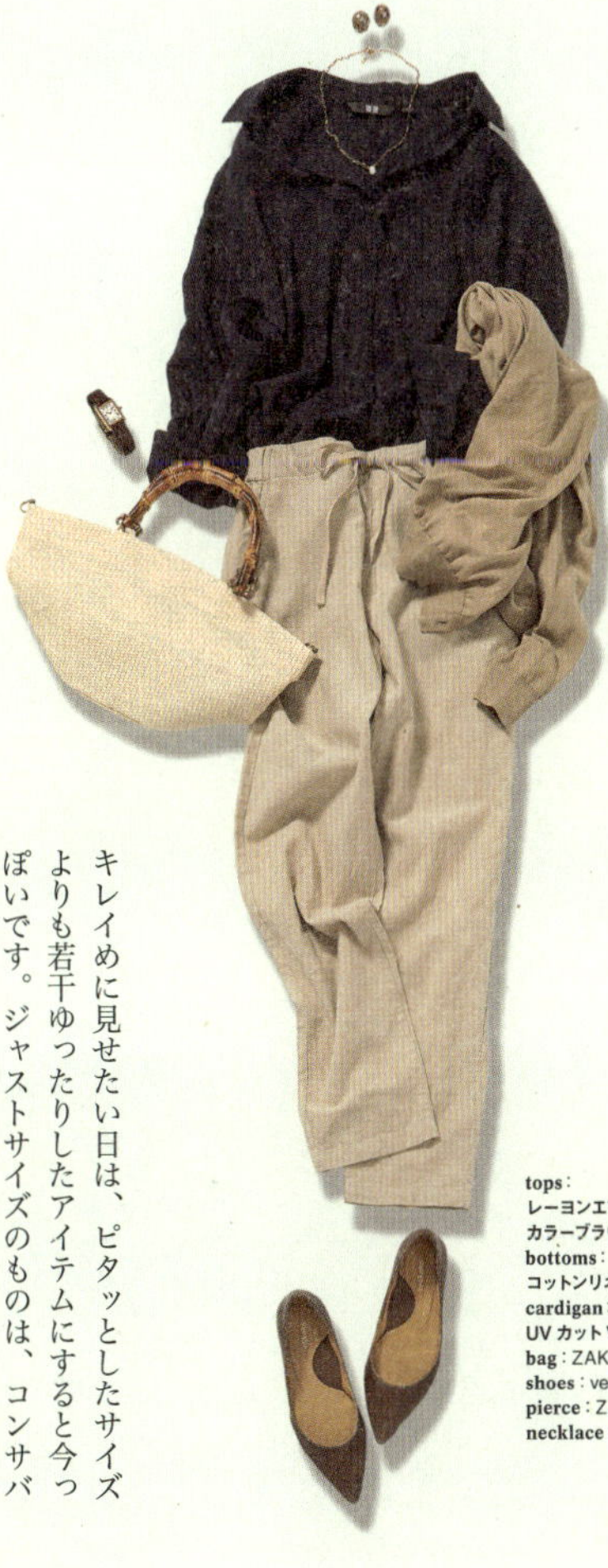

キレイめに見せたい日は、ピタッとしたサイズよりも若干ゆったりしたアイテムにすると今っぽいです。ジャストサイズのものは、コンサバに、古く見えてしまいます。とろみトップスは、ボタンをいつもよりひとつ多く開けて、背中を引っ張り襟抜きしてうなじを見せましょう。ヘルシーな色気が出せます。

tops：
レーヨンエアリースキッパーカラーブラウス
bottoms：
コットンリネンイージーパンツ
cardigan：
UV カット V ネックカーディガン
bag：ZAKKABOX
shoes：velikoko
pierce：ZAKKABOX
necklace：JUICY ROCK

お盆明け

8 / 20 TUE

図書館

コーデに迷った日はとにかくワントーンコーデにする

tops：
ドレープタンクブラウス
bottoms：
ウルトラストレッチジーンズ
cardigan：UV カット
V ネックカーディガン
bag：Bertini
shoes：ORiental TRaffic
pierce, necklace, bracelet：
JUICY ROCK

コーデに迷った日は、とにかくワントーンコーデにすれば失敗しません。全身ホワイトトコーデは本当におしゃれに見せるさわやかコーデです。これに、ストロー素材のバッグと夏っぽいサンダルを合わせれば、季節感が出て最高です。

＃ご近所コーデ　＃アクセサリーも忘れずに

8 / 21 WED

子どもと買い物

ブラウンのコーデのときはゴールドのアクセサリーと覚えておく

茶系のコーデのときは、ゴールドのアクセサリーをぜひ合わせてみましょう。ゴールドは、マットなものを選ぶと高見えします。

tops：
コットンエンブロイダリーブラウス
bottoms：
ハイウエストチノワイドパンツ
bag：HELEN KAMINSKI
shoes：ZARA
pierce：SLOBE IENA
bracelet：JUICY ROCK

＃新学期準備　＃文房具

8 / 22 THU

説明会のお手伝い

ネイビーとホワイトで清潔感が出るキレイめコーデになる

tops：ドレープタンクブラウス
skirt：シアサッカーフレアスカート
cardigan：UVカットVネックカーディガン
bag：Heloyse
shoes：Le Talon
necklace：TIFFANY
bangle：Daniel Wellington

きちんとキレイめな恰好をしたい日の色合わせは、ネイビーとホワイトの2色だけのコーデにすること。トップスをウエストインすれば、上品な雰囲気になり、また足も長く見えます。

#キレイめ

縁日

甘いアイテムはカジュアルなものと合わせる

着るだけで、甘く可愛らしい雰囲気になるフリル袖は、その他のものをカジュアルなアイテムにしてみましょう。カゴバッグやデニムなど、カジュアルなものとミックスすることでこなれた感じになり、大人可愛くなるのです。

tops：マーセライズコットンフレアスリーブＴ
bottoms：ウルトラストレッチジーンズ
bag：MUUN
shoes：AMERICAN RAGCIE
pierce：ZAKKABOX
necklace：Les Bliss

＃子ども　＃金魚すくい

8 / 24 SAT

プール

ターコイズのサンダルはどんな色にも合わせやすい

一年中使えるアイテムよりも、その季節限定のものを身に着けるほうが、おしゃれ度が一気に上がります。ぜひ夏は、ターコイズを使った小物や、カゴバッグなどを持ち、楽しんでください。このふたつは流行りすたりがないので、毎年使えます。

tops：クルーネック T
skirt：ハイウエストコットンローンボリュームスカート
bag：Sans Arcidet
shoes：ROSE BUD
stole：macocca
necklace：Les Bliss

#市民プール

8 / 25 SUN

盆踊り

夏の夜は白が多めのコーデが映える

ホワイトにベージュ×ブラウンのグラデーションコーデは、暗い夜に映える色使いです。暑い季節は、ホワイトの配分を多くすると清潔感のあるさわやかな印象になります。

tops：ドレープタンクブラウス
bottoms：チノショートパンツ
cardigan：UV カットV ネックカーディガン
bag, shoes：ZARA
earrings：BEAMS
bangle：JUICY ROCK

小学校　# 町内会

8 / 26 MON

仕事終わりに友人と食事

襟つきシャツはサンダルで

tops：プレミアムリネンシャツ
bottoms：
ウルトラストレッチジーンズ
bag：ZAKKABOX
shoes：ROSE BUD
pierce：ZAKKABOX

襟つきのシャツのときに試してほしいのが、サンダルを合わせるコーデです。こうやって着崩すことで、おしゃれ上級者感がでます。シャツは、襟元も広く開けられて、女性らしく華奢に見せる、本当に便利なアイテム。オンにもオフにも使い回しできます。

＃前からの約束　＃楽しみ

体験ジム

赤いアイテムにはトートバッグを合わせる

赤い服には、トートバッグも相性がいいです。カジュアルダウンされ、リラックスした雰囲気になります。また、トップスが派手なときは、髪の長い人はポニーテールにすると、顔まわりがごちゃつきません。

tops：コットンエンブロイダリーブラウス
bottoms：ウルトラストレッチジーンズ
bag：L.L.Bean
shoes：Sand by Saya
pierce：ZAKKABOX
bangle：PHILIPPE AUDIBERT

＃友人と参加

8 / 28 WED

ホームセンター

ボリュームのあるボトムスは小さいバッグが足を長く見せる

ボリュームの出るボトムスに、小さめのバッグとビーチサンダルを合わせると、足が長く見え全体のバランスがよく見えます。

tops：クルーネック T
bottoms：
ハイライズワイドジーンズ
bag：HAYNI
shoes：Ipanema
pierce, necklace：
JUICY ROCK

＃掃除グッズを買いに

8 / 29 THU

仕事

秋が近くなったらホワイトデニムにカーキトップス

ホワイトデニムは、季節を問わず使い回せます。どんな色でも合うので、季節の変わり目には、トップスを次の季節の色や素材のものにしましょう。秋が近いときは、カーキが特におしゃれに見えます。

tops：
コットンリネンTブラウス
bottoms：
ウルトラストレッチジーンズ
bag：Balenciaga
shoes：Le Talon
stole：pyupyu
pierce, bangle：
JUICY ROCK

＃資料作成　＃残業

8 August

8 / 30 FRI

プール

コントラストがはっきりした色のときは肌を多く出してみる

顔が何だか疲れているな、という日は、とにかくトップスを鮮やかな色にしましょう。ただ、コントラストがはっきりしすぎるのが気になるところ。そんなときは、肌の面積を多く出してみましょう。嫌味になりません。

tops：
コットンエンブロイダリーブラウス
bottoms：
チノショートパンツ
bag：Fallon&Royce
shoes：Sand by Saya
cap：pyupyu
pierce, necklace：
JUICY ROCK

＃猛暑日　＃夏バテ

8 / 31 SAT

博物館

ボーダーにネイビーのスカートでパリの雰囲気になる

ボーダーにネイビーを合わせるのも本当におすすめ。ネイビーが多めのマリンコーデは、パリジェンヌのような雰囲気が出ます。靴もペタンコなものを選ぶほうが、よりパリっぽくなります。甲の大きく開いた靴を選べば、足が長く見えます。

tops：ボーダークルーネック T
skirt：
シアサッカーフレアスカート
bag：Bertini
shoes：Le Talon
earrings：BEAMS

＃夏休み最後のお出かけ

9 / 1 SUN

家事デー

ボタニカル柄の小物がカジュアルアイテムを変身させる

Tシャツを着たい日は、バッグや靴などの小物にボタニカル柄を持ってきましょう。カジュアルなものには、華やかさをプラスすれば、ちょっとしたお出かけにも対応できるようになります。

tops：クルーネックT
bottoms：チノショートパンツ
bag：ZARA
shoes：ORiental TRaffic
pierce：ZAKKABOX
necklace：JUICY ROCK

#学校準備　#生活切り替え　#家事

学校へお迎え

リネンのボトムスは力が抜けたおしゃれな雰囲気になる

リネンのボトムスは、「こなれた雰囲気」が出る便利なアイテムです。特に、写真のように黒とベージュのシックな色合わせをすると、大人っぽいのに力が入っていない上級者のおしゃれになります。リボンタイプのベルトは、レザーの柔らかな物を選ぶと、それだけで高見えしますので、買うときにしっかり選びましょう。

tops：リブクルーネックT
bottoms：コットンリネンイージーパンツ
bag：MUUN
shoes：VANS
belt：Whim Gazette
necklace：TIFFANY
bracelet：JUICY ROCK

＃避難訓練　＃お迎え

9 / 3 TUE

ウインドウショッピング

シャツには スニーカーが合う

スカートにはスニーカーを合わせるのがカジュアルダウンの鉄板ですが、もうひとつ「シャツのときにスニーカー」にすることも、大人のカジュアルコーデになります。これにキャンバス地のバッグを合わせると白が足されて、軽やかさが出ます。

tops：プレミアムリネンシャツ
skirt：
ハイウエストコットンローン
ボリュームスカート
inner：
リブレースタンクトップ
bag：RUE DE VERNEUIL
shoes：adidas
earrings：BEAMS
bangle：Daniel Wellington

＃雑誌を見て秋物を

スーパー特売日

シンプルなコーデのときは存在感のあるバングルを

シンプルなコーデのときには、存在感のあるバングルなど、手首にポイントをつけるといいでしょう。先端部分は目立つのでコーデがランクアップします。首元の詰まった服のときは、髪の長い人は、高めの位置で結んだポニーテールにしましょう。首を長く、やせて見せます。

tops：ボーダークルーネック T
bottoms：ハイライズワイドジーンズ
bag：Sans Arcidet
shoes：ROSE BUD
bangle：JUICY ROCK
charm：ZAKKABOX

#動きやすい　#自転車移動

9 / 5 THU

1日デスクワーク

黒のカーディガンを肩がけするだけで秋になる

まだ暑いけれど、9月になったら秋っぽくするのが何よりおしゃれ。黒のカーディガンを肩がけすると、ノースリーブも秋仕様になります。

tops：ドレープタンクブラウス
bottoms：ハイウエストチノワイドパンツ
cardigan：UV カットVネックカーディガン
bag：ZAKKABOX
shoes：ZARA
belt：JOURNAL STANDARD
pierce：ZAKKABOX

＃残暑　＃夕方から涼しい日

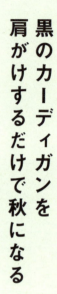

歯医者

ボーダーのときは差し色を一切入れない

ボーダーを着るときに、差し色を一切入れないのもテクニックです。こうすることで、カジュアルなボーダーも大人っぽくまとまります。ボトムス、靴、バッグを柔らかい中間色にし、ベルトの一箇所だけ黒にして引き締めると、都会的な雰囲気になります。

tops：ボーダークルーネック T
bottoms：
ウルトラストレッチジーンズ
bag：TAMPICO
shoes：Le Talon
belt：J & M DAVIDSON
pierce：ZAKKABOX
bangle：Daniel Wellington

＃自転車移動

9 / 7 SAT

家電量販店へ

赤いトップスは黒の小物を合わせると秋っぽくなる

夏に活躍した赤トップスを、残暑にも活躍させるには、まずカーディガンを合わせてみましょう。カーディガン、バッグ、サンダルなど、すべて暗い色でそろえると、アイテムは夏でも秋の雰囲気が出てきます。

tops：
コットンエンブロイダリーブラウス
bottoms：
コットンリネンイージーパンツ
cardigan：
UVカットVネックカーディガン
bag：Bertini
shoes：Ipanema
pierce：SLOBE IENA
bangle：JUICY ROCK

＃残暑 ＃家族でお出かけ

9 / 8 SUN

ホームシアター

ハーフパンツととろみトップスで都会的なリラックスコーデになる

お出かけにも使えるとろみトップスを、ハーフパンツに合せると、カジュアルさとキレイめ感がミックスされておしゃれです。このコーディネートのときは、ハイカットの靴を合わせましょう。バランスが取りやすく、スタイルがよく見えます。

tops：
レーヨンエアリースキッパーカラーブラウス
bottoms：**チノショートパンツ**
bag：
Fallon&Royce
shoes：CONVERSE
pierce：JUICY ROCK
necklace：Les Bliss

＃トイストーリー　＃家族で

9 / 9 MON

ママ友と待ち合わせ

天然素材で大人のカジュアルが上手になる

リネンやカゴバッグのような天然素材は、大人がカジュアルコーデをするときの強い味方。キレイめのアイテムにかけあわせると、上品カジュアルなコーデが簡単につくれます。

tops：プレミアムリネンシャツ
skirt：
シアサッカーフレアスカート
bag：Sans Arcidet
shoes：Le Talon
pierce：ZAKKABOX

おススメのレストランを教えてもらう

自転車で少し遠出

白を基調にすると モノトーンはよりおしゃれになる

tops：ボーダークルーネック T
bottoms：
チノショートパンツ
bag：PORTER
shoes：adidas
sunglasses：Moncler
pierce：JUICY ROCK

ラフなアイテムを都会っぽくおしゃれにまとめるコツは、色数を抑えることです。そのとき、白を多めにすると、軽さが出てさらにおしゃれ。それにリュックの黒を入れて、コーデを引き締めます。

＃運動不足　＃解消

9 / 11 WED

カフェで一人時間

淡い色同士のときは ワイドパンツにすると可愛くなりすぎない

tops：クルーネック T
bottoms：
ハイウエストチノワイドパンツ
cardigan：
UV カット V ネックカーディガン
bag：LUDLOW
shoes：Le Talon
pierce, necklace, bangle：
JUICY ROCK

淡い色同士の組み合わせは、それだけで可愛い雰囲気になりますが、ここにワイドパンツが入ると大人っぽくまとめてくれます。淡い色のときはワイドパンツがおすすめです。

＃髪をゆるくまとめるとよりリラックス感

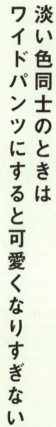

9 / 12 THU

保護者会

学校コーデは秋はカーキが安心

ラフになりすぎず、かといってキレイめすぎにならないことを狙いたい学校コーデ。9月なら、カーキがおすすめです。これに大人っぽいグレーのデニムを合わせれば、学校になじむ好印象なコーデになります。カジュアルがOKならば、オフィスコーデにもおすすめの配色です。

tops：
コットンリネン T ブラウス
bottoms：
ウルトラストレッチジーンズ
bag：ZAKKABOX
shoes：velikoko
necklace, bracelet：
JUICY ROCK

9 September

#保護者会　#フラットパンプスで楽ちん

9 / 13 FRI

本屋さんへ

ベージュと黒の組み合わせは大人の落ち着きを醸し出す

ベージュと黒は、落ち着いたクールな雰囲気が出る組み合わせです。これに、赤みのあるブラウンを小物で差すと女性らしさが加わります。

tops：リブクルーネック T
bottoms：
ハイウエストチノワイドパンツ
cardigan：
UV カットV ネックカーディガン
bag：HELEN KAMINSKI
shoes：Ipanema
belt：Whim Gazette
necklace：Les Bliss
bangle：JUICY ROCK

＃節約レシピ本探し　＃アクセサリーでツヤも

9 / 14 SAT

蒸し暑い日

フリル袖を着たときは黒をどこかに入れる

蒸し暑い日は、上下をゆるっとした服にして、通気性をよくしましょう。袖がフリルのものは、一枚で決まる代わりに、甘さ対策が大切です。バッグと靴の黒で引き締めましょう。

tops：マーセライズコットンフレアスリーブT
bottoms：ハイライズワイドジーンズ
bag：ZAKKABOX
shoes：Ipanema
stole：macocca
pierce, bracelet：JUICY ROCK

9 September

#残暑

9 / 15 SUN

映画館

スニーカーには フレアスカートが鉄板

「今日は動く日」ならば、まずスニーカーからコーデを考えるといいでしょう。スニーカーと相性の良いのはフレアスカートです。また、淡いピンクを入れると、優しい雰囲気が出せます。

tops：クルーネック T
skirt：
シアサッカーフレアスカート
bag：RUE DE VERNEUIL
shoes：CONVERSE
earrings：BEAMS
necklace：TIFFANY
bangle：Daniel Wellington

家族　# お出かけ

親戚の家に遊びに

ネックが広く開いているものはそれだけでおしゃれに見える

カジュアルなアイテムのみのコーデをお出かけ着に見せるポイントは、色数を抑えることの他に、「首の開き」もあること。クルーネックやVネックなど、首回りが大きく開いているトップスを選びましょう。

tops：リブクルーネックT
bottoms：
ハイライズワイドジーンズ
cardigan：
UVカットVネックカーディガン
bag：
AMERICAN RAG CIE
shoes：Le Talon

従兄弟

9 / 17 TUE

1日デスクワーク

ブルーとブラウンはおしゃれ上級者に見える色合わせ

「ブルーとブラウン」は覚えておいて絶対に損はない色合わせ。写真のように、ちょっと薄めの青ならば、さわやかにも見えます。また、小物をボトムスと同色にしていますが、こうすると、落ち着いた雰囲気が出せます。

tops：プレミアムリネンシャツ
bottoms：ハイウエストチノワイドパンツ
bag：HELEN KAMINSKI
shoes：velikoko
pierce：JUICY ROCK
bracelet：MAISON BOINET

資料整理

ランチ

マスタードイエローは華やかなのに嫌味がない

コントラストの強い派手な色を黒と合わせることは華やかになります。特にマスタードイエローは、シーンを選びません。日常で着ても嫌味がなく、簡単におしゃれに見えるお得な色です。バイカラーの靴は、黒の分量を少なくすると、強すぎずほどよいポイントになります。

tops：リブクルーネックT
skirt：
ハイウエストコットンローンボリュームスカート
bag, shoes：ZARA
pierce：ZAKKABOX
bangle：JUICY ROCK

＃前職の友人達と

9 / 19 THU

1日デスクワーク

焦っている朝はとろみブラウスに白のデニム

とろみブラウスは、コットンシャツのようにくしゃくしゃにならないので、どんな朝でも安心です。万能アイテムの白のデニムを合わせればなおおしゃれ。コントラストをつけて立体感を出しましょう。写真では生成りのストールで、白のグラデーションも足しています。

tops：レーヨンエアリースキッパーカラーブラウス
bottoms：ウルトラストレッチジーンズ
bag：Bertini
shoes：Le Talon
stole：macocca
pierce：ZAKKABOX
necklace：Les Bliss

時間のない朝

9 / 20 FRI

家族でファミレスへ

一見難しい色合わせのときは ベージュを入れるとまとまる

何度も言いますが、一見合わなさそうな色でも小物でベージュを入れれば合わないことはありません。写真のようなイエローとグリーンの合わせは、優しくて印象的です。

tops：プレミアムリネンシャツ
skirt：ハイウエストコットンローンボリュームスカート
bag：BEAUTY&YOUTH UNITED ARROWS
shoes：outletshoes
pierce：SLOBE IENA
bangle：JUICY ROCK

#ハンバーグ　#子どもたち大喜び

9 / 21 SAT

義母と食事

大切な人との食事にはネイビーが間違いがない

大切な人との食事には、キレイめの雰囲気でいくと間違いありません。そんなシーンにはやはりネイビーが、知的さと大人の品の良さを出してくれます。

tops：リブクルーネック T
skirt：シアサッカーフレアスカート
bag：MUUN
shoes：velikoko
belt：JOURNAL STANDARD
necklace, bracelet：JUICY ROCK

＃アンテナショップのレストラン

9 / 22 SUN

鉄道博物館

トップス、ボトムスをリネン素材にするとリラックス感が出る

tops：
コットンリネン T ブラウス
bottoms：
コットンリネンイージーパンツ
bag：LOUIS VUITTON
shoes：adidas
belt：SLOBE IENA
pierce：ZAKKABOX
necklace：Les Bliss

トップス、ボトムスともリネン素材にするのはおすすめです。力の抜けた大人っぽさが出ます。どちらもゆるっとしたアイテムなので、ベルトでポイントをつくりましょう。やせて見えます。薄めのアースカラーの色合わせもおしゃれです。

9 September

＃子どもとお出かけ　＃電車大好き兄弟

9 / 23 MON

小学校

カーディガンはベージュを選ぶと品よく見える

tops：ドレープタンクブラウス
bottoms：
ハイライズワイドジーンズ
cardigan：
UVカットVネックカーディガン
bag：Bertini
shoes：Le Talon
pierce：JUICY ROCK

肩出しを躊躇《ちゅうちょ》するシーンがありそうなときは、カーディガンを肩に巻くのがおすすめです。カーディガンは、いくつかの色を持っておくと便利です。華やかなイエローを持ったなら、もう一枚は、品良く見えて、顔まわりも明るくするベージュもおすすめです。

見回り当番決め

9 / 24 TUE

1日デスクワーク

そろそろ重めの色のコーデをする

tops：
コットンリネンTブラウス
bottoms：
ウルトラストレッチジーンズ
bag：J & M DAVIDSON
shoes：adidas
pierce, necklace：
JUICY ROCK

街全体が秋色になりつつあるこの時期は、上下を重めの色合わせにすれば、それだけで秋っぽくなります。重い色同士のときは、白いバッグは本当に便利です。持つだけで軽さが足せます。

9 September

#運動不足　#一駅分ウォーキング

雑誌を真似してみる

雑誌を見るときは色や形よりも素材を見よう

雑誌のコーデを見るときに、注目するとよりおしゃれになれる点があります。それは、色や形よりも、素材を真似してみること。素材の持つ雰囲気は形や色よりも、季節感を強く出します。そこに注目すると、楽しくおしゃれができます。

tops：プレミアムリネンシャツ
bottoms：
コットンリネンイージーパンツ
bag：Fallon&Royce
shoes：adidas
necklace：Cartier
bangle：Daniel Wellington

＃毎月楽しみ

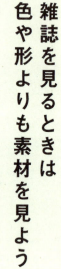

1日デスクワーク

ネイビーの同色コーデは品よくきちんと見せる

ネイビーで上下をそろえれば、簡単にオフィススタイルになります。上下とも重い色なので、明るい色のストールを持ちましょう。コーデに軽さが足されて抜け感が出るだけではなく、ネイビーと白の組み合わせは清潔感も出ます。

tops：
レーヨンエアリースキッパーカラーブラウス
bottoms：
ウルトラストレッチジーンズ
bag：LOUIS VUITTON
shoes：outletshoes
stole：macocca
pierce：JUICY ROCK
necklace：Les Bliss

#オフィスカジュアル　#時短コーデ

9 / 27 FRI

スーパーに買い物

甘めアイテムも、スニーカーをはくとイタく見えない

袖フレアのトップスにフレアスカートといった甘めアイテム同士の組み合わせも、スニーカーでカジュアルダウンするだけで、力が抜けたおしゃれに。オフホワイトの靴にすると甘めのコーデになじみやすいです。

tops：コットンリネンＴブラウス
skirt：ハイウエストコットンローンボリュームスカート
bag：Anya Hindmarch
shoes：adidas
belt：Whim Gazette
pierce：ZAKKABOX

お菓子づくりの材料

9 / 28 SAT

水族館

デニムには小物でキレイめを足すだけでおしゃれに見える

とろみトップスとワイドデニムは、キレイめとカジュアルをミックスできる組み合わせ。少しキレイめアイテムが多いほうが、よりおしゃれに見えます。固めの素材のバッグや、足の甲を見せる靴を合わせると良いでしょう。

tops：
レーヨンエアリースキッパーカラーブラウス
bottoms：
ハイライズワイドジーンズ
bag：
AMERICAN RAG CIE
shoes：SESTO
earrings：BEAMS

兄弟

9 / 29 SUN

友人の家

イエローのグラデーションは明るく見える

イエローのグラデーションコーデは、明るく幸せそうに見えるので、イベントのときなどにおすすめです。バッグと靴も同系色にするとまとまりが出ます。小物は、服より濃いめのアイテムを選ぶと、コーデ全体が引き締まります。

tops：プレミアムリネンシャツ
skirt：
ハイウエストコットンローン
ボリュームスカート
bag：LUDLOW
shoes：SESTO
pierce：JUICY ROCK
necklace：CARTTIER

＃家族ぐるみ　＃仲良し

9 / 30 MON

美容院

アースカラーにはシルバーやゴールドを差す

tops：コットンリネンTブラウス
bottoms：ハイウエストチノワイドパンツ
bag：ZARA
shoes：Le Talon
pierce：ZAKKABOX
necklace：TIFFANY

美容院へ行く日は、その季節のカラーを着ていくのがおすすめ。そうすると、その季節の服の色になじみやすいヘアカラーを提案してもらえます。アースカラーはおしゃれですが、全体がなじみやすくのっぺりして見えるのが弱点。シルバーやゴールドなど華やかな色を差して、立体感を出しましょう。

＃カット　＃ヘアカラー

Chapter #03 秋 October - December

［第3章］

Autumn

ALL UNIQLO ITEM

BOTTOMS

コーデュロイ
Aラインスカート
（ダークグリーン）

コーデュロイ
Aラインスカート
（クリーム）

Aラインスカート
（ベージュ）

デニム
（ネイビー）

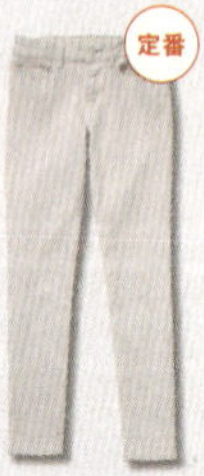

デニム
（白）

デニム
（グレー）

ワイドパンツ
（デニム）

ワイドパンツ
（ブラウン）

とろみリボン
ワイドパンツ（赤）

アンクルパンツ
（グレー）

ネイビーのストールは巻くだけで知的な印象になる

ALL UNIQLO ITEM

TOPS

ピタッとシルエットの長袖T

コクーンシルエットのニット

Vネックニット（赤）

カシミヤVネックニット（イエロー）

Vネックニット（キャメル）

カシミヤクルーネックニット（青）

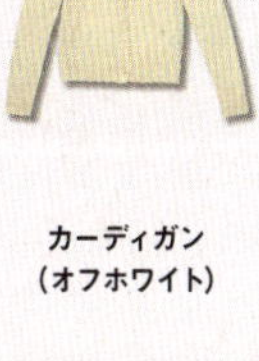
カーディガン（オフホワイト）

リブニット（くすんだピンク）

とろみシャツ（白）

とろみシャツ（グレー）

10 / 1 TUE

1日デスクワーク

ダークグリーンは、オフホワイトと合わせれば落ち着いた女らしさが出る

tops：
エクストラファインメリノクルーネックカーディガン
skirt：
ハイウエストコーデュロイフレアミディスカート
inner：
リブバレエネックT
bag：
AMERICAN RAG CIE
shoes：outletshoes
pierce：JUICY ROCK
necklace：Les Bliss

ダークグリーンはクールで落ちついた印象を与えるおすすめ色です。これをオフホワイトと合わせれば女性らしい雰囲気が足されて、かっこつけない落ち着きが出ます。また、クルーネックのカーディガンも、柔らかいイメージを足せます。

＃面接の準備

ビュッフェ

秋冬はスエード素材を入れると品がよく見える

季節感を取り入れると、普通のコーデも断然おしゃれ見えします。秋冬は、靴やバッグなど、スエード素材の小物が本当におすすめ。秋冬の季節感をばっちり出してくれるのはもちろんのこと、品がよく、高見えもします。暖かみのある色であれば、一段と季節感が出ます。

tops：
エクストラファインメリノ
Vネックセーター
bottoms：
ハイウエストチノワイドパンツ
bag：ZAKKABOX
shoes：Le Talon
stole：Cashmee
pierce：ZAKKABOX
bracelet：
MAISON BOINET

＃友人　＃デザートビュッフェ

10 / 3 THU

1日デスクワーク

ワイドパンツは各季節それぞれ持っておく

ワイドパンツは、仕事やオフィシャルなシーンなど、きちんとした場面で大活躍するので、それぞれの季節で持っておきましょう。その季節に合った色を選ぶと間違いがありません。秋には深めのボルドーなどを選びましょう。顔から離れるボトムスは、派手なカラーも取り入れやすいです。

tops：レーヨンブラウス
bottoms：ハイウエストリボンワイドパンツ
bag, pierce：ZAKKABOX
shoes：SESTO
necklace：TIFFANY

＃寄り道　＃デパ地下

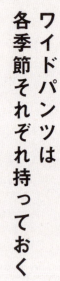

本屋さんへ

デニムにホワイトのトップスは王道

デニムにホワイトのトップスは最高の相性です。単純なコーデですが、カジュアルなのに清潔感が出る王道です。ワイドデニムは男性っぽいイメージになるので、優しい女性らしい雰囲気が出るベージュの小物を合わせましょう。

tops：
エクストラファインメリノクルーネックカーディガン
bottoms：
デニムワークパンツ
bag：Folna
shoes：SESTO
stole：reca
pierce：ZAKKABOX
bangle：JUICY ROCK

＃新刊チェック

子どもとお出かけ

赤のチェックストールにはスニーカー

秋のいいところは、赤のチェックストールを持てるところ。これ一枚で、イギリスの女の子のような、正統派な、トラッドな雰囲気が出せます。チェックストールはスニーカーが合います。正統派スタイルをカジュアルダウンできて、とても可愛くなります。

tops：
エクストラファインメリノVネックセーター
skirt：
ハイウエストコーデュロイフレアミディスカート
bag：BEAUTY&YOUTH UNITED ARROWS
shoes：VANS
stole：Johnstons
pierce, bracelet：JUICY ROCK

#デパート屋上

10 / 6 SUN

運動会

全身ホワイトで
さわやか&スポーティ

運動会のおすすめはホワイトのワントーンだと春でもご紹介しましたが、秋の運動会はこれにぜひネイビーのストールを持ってください。チェックストールと同じくらいネイビーのストールは使えます。上品な雰囲気とスポーティーさが出て、運動会にぴったりです。

tops：
エクストラファインメリノ
クルーネックカーディガン
bottoms：
ウルトラストレッチジーンズ
bag：BEAUTY&YOUTH
UNITED ARROWS
shoes：new balance
stole：SANKYO SHOKAI

秋の運動会　# 保育園

10 / 7 MON

プチ同窓会

白いシャツに黒い靴、茶色のスカートでフランス女性の雰囲気になる

落ち着いた大人っぽい雰囲気にしたいときは、白いシャツに、黒のバッグと靴、そして他をすべて茶系にしましょう。フランスの落ち着いた女性という雰囲気になります。

tops：
レーヨンエアリースキッパーカラーブラウス
skirt：
ハイウエストコットンボリュームスカート
bag：ZAKKABOX
shoes：Le Talon
stole：Cashmee
pierce, necklace：
JUICY ROCK

#同級生 #ランチ

音楽会

秋はモーブピンクのニットで柔らかくて可愛らしい雰囲気になる

tops：
コットンカシミヤリブセーター
bottoms：
ウルトラストレッチジーンズ
bag：LUDLOW
shoes：SESTO
stole：Cashmee
pierce：JUICY ROCK

秋は、カラーのニットを意識して持ちましょう。暗い色が多くなってしまいがちな秋冬が華やかになります。特におすすめなのが、写真のようなモーブピンクです。柔らかくて可愛い、でも痛々しくならない大人向けの色です。どんな色とも相性がよく浮きません。

＃小学校

ショッピング

青のニットにブルーのチェックを巻くととにかく可愛い

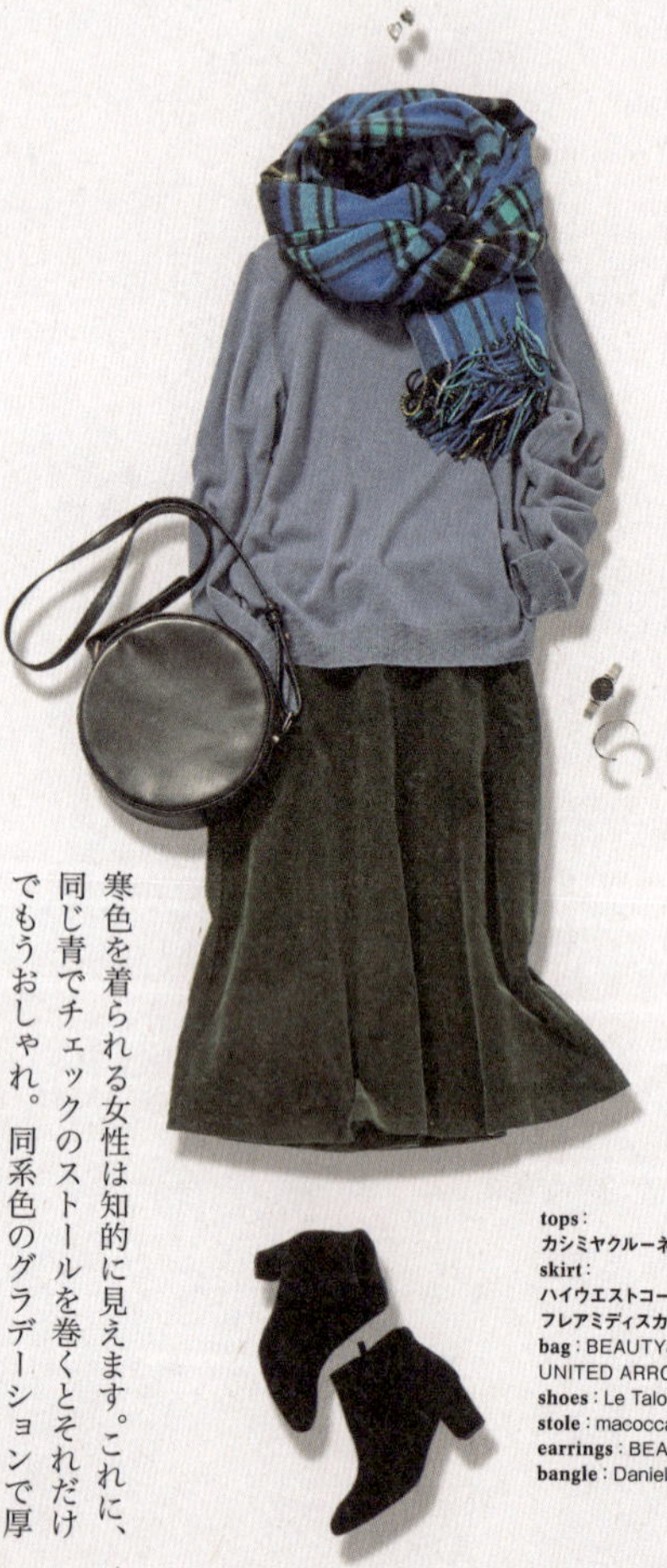

寒色を着られる女性は知的に見えます。これに、同じ青でチェックのストールを巻くとそれだけでもうおしゃれ。同系色のグラデーションで厚みが出て、同時にチェックでカジュアルダウンもできるワザなので、覚えておくと便利です。

tops：
カシミヤクルーネックセーター
skirt：
ハイウエストコーデュロイフレアミディスカート
bag：BEAUTY&YOUTH UNITED ARROWS
shoes：Le Talon
stole：macocca
earrings：BEAMS
bangle：Daniel Wellington

秋物

同僚とランチ

ツヤのあるバッグと同じ色の靴をセットにしておくと便利

tops：カシミヤＶネックセーター
bottoms：ハイウエストリボンワイドパンツ
bag：POTIOR
shoes：Le Talon
stole：reca
pierce：ZAKKABOX

光沢がある小さめバックには、同じような素材と色の靴をセットにしておけば、ちょっと華やかに見せたいときのお出かけに便利です。靴とバッグを同じ色にすることは、きちんとした雰囲気を出すワザですが、それにツヤがあると華やかになります。

#テラス席

10 / 11 FRI

スーパーの朝市

「コクーンシルエット」トップスは買い

この「コクーンシルエット」のトップスはとてもおすすめ。コクーンとは、繭という意味で、丸く包み込むような形のことです。ラフでカジュアルな雰囲気を出します。首の開きが広いものを選ぶと、女性らしさが混ざり、着やせして見えます。

tops：
コクーンシルエットVネックセーター
skirt：
ハイウエストコーデュロイフレアミディスカート
bag：PORTER
shoes：VANS
cap：BEAMS
pierce：JUICY ROCK
necklace：TIFFANY

#キャップ　#スニーカー

仕事

アンクルパンツにライダースはまるでモデルのようなおしゃれ感が出る

tops：
レーヨンエアリースキッパーカラーブラウス
bottoms：
スマートスタイルアンクルパンツ
outer：
ネオレザーライダースダブルジャケット
bag：Balenciaga
shoes：Le Talon
necklace：Les Bliss

アンクルパンツは、腰回りがゆったりしているのに、下にいくほど細くなる形なので、座り仕事のときに楽で、足も細く見えます。アンクルパンツには、ライダースを合わせましょう。少しカジュアル感のあるパンツなので、ハードなライダースと合わせると、まるでモデルの様な着崩した感じになります。

＃帰り道　＃お取り寄せを取りに

10 / 13 SUN

バッティングセンター

秋に外に出る日はダウンベストが可愛い

ダウンベストは、外で動く日は特に可愛く見えます。脱ぎ着がしやすいので、体温調整もしやすいです。ダウンベストとその他の服のコントラストが強すぎるとこどもっぽくなるので、中に着る服は同じような色にしましょう。また、冬になるとコートの下に合わせて着ても、暖かいうえに可愛いです。

tops：リブバレエネック T
bottoms：
ハイウエストチノワイドパンツ
outer：
ストレッチダウンベスト
bag：Spick & Span
shoes：adidas
necklace, bangle：
JUICY ROCK

＃家族　＃お出かけ

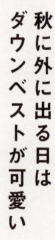

食事

ネイビーのストールは首に巻くだけで知的な雰囲気になる

ネイビーのストールは、首回りに持ってくると知的さが出せます。グレーとブラウンは落ち着いた大人っぽい配色ですが、これにネイビーのパキッとした印象で華やかさも出ます。

tops：レーヨンブラウス
skirt：ハイウエストコットンボリュームスカート
bag：HAYNI
shoes：Le Talon
stole：SANKYO SHOKAI
pierce：JUICY ROCK

＃両親　＃外食

1日デスクワーク

Vネックの日は大きなピアスを忘れずに

大きなVネックのときは、貧相に見えないように、大きめのピアスをしましょう。これだけで華やかになります。ピアスの色は、服と似たような色にすると、まとまりが出ます。大きなピアスは、ひとつは必ず持っておくと便利です。

tops：エクストラファインメリノVネックセーター
bottoms：スマートスタイルアンクルパンツ
bag：MACKINTOSH PHILOSOPHY
shoes：Le Talon
stole：matti totti
pierce：SLOBE IENA

＃役所　＃書類提出

10 / 16 WED

久しぶりの友人とランチ

厚手のニットからは暖かみと柔らかさが出る

トップスの素材の厚みは、コーデ全体の印象を決めます。厚手のものは、暖かく柔らかな優しい雰囲気に、薄手のものは上品で繊細なイメージになります。そのシーンに応じて使い分けてみましょう。どちらも滑らかな素材にすると高見えします。

tops：
カシミヤVネックセーター
skirt：
ハイウエストコーデュロイフレアミディスカート
bag：BEAUTY&YOUTH UNITED ARROWS
shoes：MARIAN
pierce, necklace：JUICY ROCK

＃高校の同級生

10 / 17 THU

1日デスクワーク

コーデに困ったら上下ホワイトを組み合わせる

tops：
レーヨンエアリースキッパーカラーブラウス
bottoms：
ウルトラストレッチジーンズ
outer：ダブルフェイスノーカラーコート
bag：MACKINTOSH PHILOSOPHY
shoes：Le Talon
stole：Cashmee
pierce：JUICY ROCK
necklace：Les Bliss

一年中どの季節でも間違いなくおしゃれに見えるのが、上下ホワイトの組み合わせです。ぱっと目をひきます。秋はブラウンが映える季節なので、コートや小物をすべてブラウン系で統一してみるのもおすすめ。印象が優しくなります。

#残業

10 / 18 FRI

芋掘り

暗い色を着たい日はデニムで潔く着る

土いじりなど、外でのイベントでがっつりと汚れそうな日は、デニムを履きたいですよね。デニムの日は、コクーンニットのような、首元が開いた、形のきれいなトップスとさっぱりと合わせるのが潔くおしゃれです。また、スニーカーはハイカットにすると土が入りにくいです。

tops：
コクーンシルエット
Vネックセーター
bottoms：
ウルトラストレッチジーンズ
bag：L.L.Bean
shoes：CONVERSE
stole：reca
pierce：JUICY ROCK
necklace：Les Bliss

#保育園　#親子参加

10 / 19 SAT

誕生日に外食

ぴたっとしたトップスはボトムにAラインスカートを合わせる

ぴたっとしたトップスは着るのが難しい、という声をたまに聞きます。これらは、ボトムにフレアスカートやワイドパンツなどのボリュームのあるものを合わせるのがいいでしょう。これでAラインシルエットが簡単につくれ、育ちのいい雰囲気がでます。

tops：コットンカシミヤリブセーター
skirt：ハイウエストコーデュロイフレアミディスカート
bag：ZAKKABOX
shoes：UGG
stole：Cashmee
pierce：JUICY ROCK
bracelet：MAISON BOINET

＃長男　＃誕生日

友達家族とホームパーティー

デニムにネイビーのストールを着るだけで寒色マスター

寒色を使いこなせる人は、あか抜けて見えます。寒色を自然に使うコツは、デニムです。デニムにスニーカーというカジュアルコーデも、同系色のネイビーのストールを巻くだけでおしゃれ。グレーのトップスでつなぐと、まとまります。

tops：レーヨンブラウス
bottoms：デニムワークパンツ
bag：LOUIS VUITTON
shoes：new balance
stole：SANKYO SHOKAI
bangle：Daniel Wellington

#芋掘りのおイモでパーティー

10 / 21 MON

エステ体験

トレンチコートにはチェックストールを持つ

トレンチコートのときに何といってもおすすめなのが、チェックのストールを持つこと。どちらもイギリス生まれのアイテムなので、それだけでしっくりきます。トレンチコートのフォーマル感の強さを、チェックのストールがカジュアルダウンしてくれます。

tops：
コクーンシルエット
V ネックセーター
skirt：
ハイウエストコットン
ボリュームスカート
outer：
コットンツイルトレンチコート
bag：ZAKKABOX
shoes：Le Talon
stole：Johnstons
pierce：JUICY ROCK

#500円チケット　#フェイシャル体験

同僚の誕生日

赤×白のはっきりコーデには、ベージュを入れるとまろやかなツヤっぽい雰囲気になる

tops：エクストラファインメリノクルーネックカーディガン
bottoms：ハイウエストリボンワイドパンツ
bag：POTIOR
shoes：Le Talon
stole：Cashmee
pierce：ZAKKABOX

とろみのあるワイドパンツは、華やかさが出ます。白いトップスだけだとコントラストがつきすぎますが、それにベージュのストールを合わせることでキツさがなくなり、女らしいツヤっぽいコーデになります。

＃お祝いランチ

10 / 23 WED

カラオケ

ライダースは丸みのある小物と合わせる

ライダースは一枚持っているとそれだけでおしゃれに見える、他にないアウターです。かっこいいアイテムなので、丸みのあるバッグやスニーカーなどと合わせましょう。丸みのあるものは、可愛らしさ担当なので、ライダースを着るときに入れると、全体のバランスが良くなります。

tops：
エクストラファインメリノ
Vネックセーター
skirt：
ハイウエストコットン
ボリュームスカート
outer：**ネオレザーライダース**
ジャケット
bag：BEAUTY&YOUTH
UNITED ARROWS
shoes：CONVERSE
earrings：BEAMS

＃ママ友達　＃1時間だけ

1日デスクワーク

トレンチコートをいい女風に着るには小さいバッグを合わせるだけ

tops：リブバレエネックＴ
bottoms：ウルトラストレッチジーンズ
outer：コットンツイルトレンチコート
bag：POTIOR
shoes：Le Talon
stole：matti totti
necklace：Cartier

トレンチコートを都会的でいい女風に着こなすのは簡単です。小さめバッグと、甲の見える靴を合わせるだけ。これだけでおしゃれ感が抜群に出ます。小さめバッグに荷物が入りきらない場合は、別にサブバッグを持ちましょう。

＃座り仕事

10 / 25 FRI

お誕生日会

優しい雰囲気を出すモコモコのロングカーデ

子どもたちと過ごす日は、優しい雰囲気を意識したいところ。こういうときは、ロングカーデがいちばんです。ミックスヤーンのものを選ぶと、いろいろな色が混じっているので、特に優しい印象が出ます。

tops：レーヨンブラウス
skirt：ハイウエストコーデュロイフレアミディスカート
outer：メランジウールコート
bag：BEAUTY&YOUTH UNITED ARROWS
shoes：Le Talon
pierce：JUICY ROCK

長男　# お友達を招待

果物狩り

ニットカーディガンにワイドデニムでトレンド感が出る

秋にぜひ試してもらいたいのが、ロングカーディガンにワイドデニムを合わせること。ルーズなシルエットになって、トレンド感が強く出ます。重めの組み合わせなので、髪が長い人は、アップにしてうなじをみせましょう。

tops：カシミヤクルーネックセーター
bottoms：デニムワークパンツ
outer：メランジウールコート
bag：PORTER
shoes：new balance
stole：macocca
pierce：ZAKKABOX

＃ぶどう狩り　＃栗拾い

10 / 27 SUN

地域のハロウィンパーティー

ホワイトデニムにデニムジャケットはさわやかに見える

tops：
カシミヤVネックセーター
bottoms：
ウルトラストレッチジーンズ
outer：デニムジャケット
bag：L.L.Bean
shoes：CONVERSE
pierce：SLOBE IENA
necklace：Les Bliss
bangle：JUICY ROCK

ボトムスと靴の色を、両方白にしてみましょう。おしゃれ感が強く出ますし、また足も長く見えます。写真のようにデニムジャケットを持つと、コントラストが強く出て、さわやかに見えます。

＃児童館　＃ゲーム大会

資格の勉強

白シャツ、デニム、青いストールのいさぎよいコーデはとてもおしゃれに見える

tops：
レーヨンエアリースキッパーカラーブラウス
bottoms：
ウルトラストレッチジーンズ
bag：ZARA
shoes：Le Talon
stole：macocca
necklace：TIFFANY
bangle：Daniel Wellington

白シャツにデニムは鉄板のコーディネートですが、これに鮮やかなブルーのストールを入れるだけで、ぱっと目をひきます。青をさりげなく使える人は、本当におしゃれです。

#カフェ

10 / 29 TUE

1日デスクワーク

小物まですべて優しい色にすると我が強くなく見える

tops：
エクストラファインメリノクルーネックカーディガン
bottoms：
ウルトラストレッチジーンズ
bag：
AMERICAN RAG CIE
shoes：SESTO
stole：Cashmee
pierce, bracelet：
JUICY ROCK

グレーにホワイトを合わせるのも、大人の女性が得するコーデです。優しい雰囲気なのに、使っている色が少ないので都会的でセンスがよく見え、嫌味がありません。小物も、すべてホワイトとベージュにすると我が強くない優しい雰囲気になります。

早出出勤

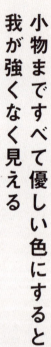

買い物

Aラインコーデにストールを巻くと足が長く見える

トップスをAラインスカートにウエストインするとできるのが、Aラインシルエット。これに秋の特権、ストールをコンパクトに巻くだけで、足が長く、細く、スタイルがよく見えます。

tops：カシミヤVネックセーター
skirt：ハイウエストコットンボリュームスカート
bag：LUDLOW
shoes：SESTO
stole：Cashmee
bracelet：JUICY ROCK

#ハロウィン用のお菓子

10 / 31 THU

ハロウィン

クルーネックのカーディガンは一枚で着ると育ちがよく見える

クルーネックのカーディガンは、これ一枚をトップスとして使うと、ただのニットとは違った育ちのいい雰囲気を出してくれます。Aラインのスカートと合わせて女の子っぽさを楽しんでみましょう。

tops：
エクストラファインメリノ
クルーネックカーディガン
skirt：
ハイウエストコーデュロイ
フレアミディスカート
bag：POTIOR
shoes：Le Talon
stole：macocca
pierce：ZAKKABOX

＃近所の子ども達をお出迎え

買い出し

ワイドパンツにはライダースがスタイルよく見える

ワイドパンツにはライダースを合わせましょう。重心が下になるワイドパンツには、コンパクトなライダースを合わせると、スタイルよく見せてくれます。上半身を小さく、足は長く見せてくれる黄金の組み合わせです。

tops：
コットンカシミヤリブセーター
bottoms：
ハイウエストチノワイドパンツ
outer：ネオレザーライダースダブルジャケット
bag：BEAUTY&YOUTH UNITED ARROWS
shoes：SESTO
pierce：JUICY ROCK

お弁当の材料

11 / 2 SAT

ドライブ

グレーに青を差すとぐっと華やかになる

グレーとホワイトに青を入れると、そこだけスポットがあたったようにぐっと華やかになります。カジュアルコーデにブルーを差すと、快活さの中におしゃれ感が出て、家族コーデにぴったりです。

tops：リブバレエネック T
bottoms：ウルトラストレッチジーンズ
outer：ツイードニットコート
bag：L.L.Bean
shoes：VANS
stole：macocca
pierce：JUICY ROCK
bracelet：MAISON BOINET

＃家族　＃紅葉

ショッピングモール

アウターは縦にラインが落ちているものを選ぶとやせてみえる

アウターを選ぶときに、そのコートがスッとまっすぐなラインで落ちているとラッキーです。縦を強調してくれるので、スッキリと着やせして見えます。

tops：
エクストラファインメリノVネックセーター
bottoms：
デニムワークパンツ
outer：
ダブルフェイスノーカラーコート
bag：
AMERICAN RAG CIE
shoes：SESTO
pierce：ZAKKABOX

＃家族　＃夕飯買い物

11 / 4 MON

友人とライブへ

ニット×フレアスカートの普通コーデにトートバッグを合わせると上級者に変わる

コンパクトなニットにフレアのスカートは、フェミニンに可愛くみえるコーデですが、これにスニーカーやトートバッグなど、カジュアル要素の強い小物を合わせてみましょう。カジュアルダウンすることで、大人でも痛々しさのないコーデになります。

tops：コットンカシミヤリブセーター
skirt：ハイウエストコットンボリュームスカート
outer：デニムジャケット
bag：L.L.Bean
shoes：CONVERSE
pierce：ZAKKABOX
necklace：JUICY ROCK

＃友人と　＃プラチナチケット

11 / 5 TUE

デパート

コーデュロイ素材はダークカラーを選ぶ

コーデュロイ素材は、優しく見えますが、カジュアル感が強いアイテム。だから、ぜひ大人っぽい、アースカラーの色を買っておきましょう。写真のような濃いグリーンはとてもおすすめ。コーデュロイは、普段使いができてカジュアルミックスしやすいスカートです。とろみシャツとも相性よしです。

tops：
レーヨンエアリースキッパーカラーブラウス
skirt：
ハイウエストコーデュロイフレアミディスカート
bag：LUDLOW
shoes：MARIAN
necklace：TIFFANY

＃夫　＃誕生日プレゼント

近所にお出かけ

赤ニットはワイドパンツと合わせるとさらりと着ている感が出る

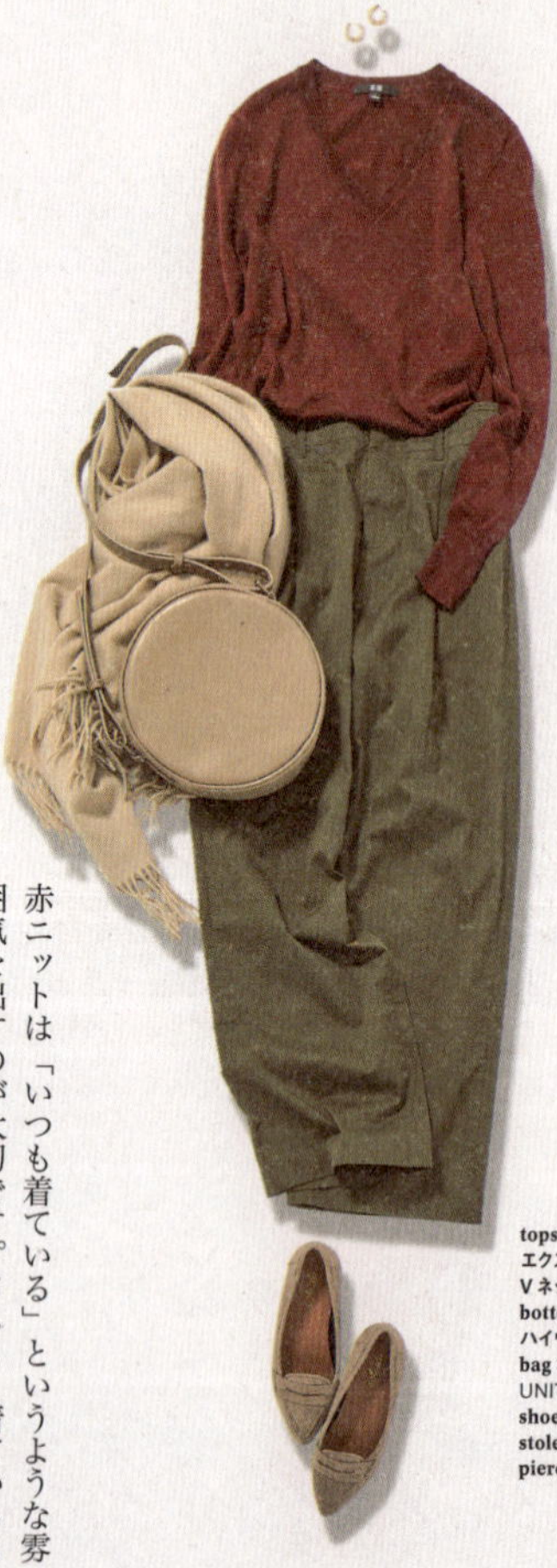

赤ニットは「いつも着ている」というような雰囲気を出すのが大切です。さらりと着ているように見せるには、ワイドパンツと合わせること。普段着っぽく着ることで、赤に着られている感がなくなります。

tops：
エクストラファインメリノVネックセーター
bottoms：
ハイウエストチノワイドパンツ
bag：BEAUTY&YOUTH UNITED ARROWS
shoes：SESTO
stole：Cashmee
pierce：JUICY ROCK

＃駄菓子屋さんでもんじゃ

11 / 7 THU

1日デスクワーク

大人っぽく、女らしくまとめるときは白いバッグ

tops：
コクーンシルエット
Vネックセーター
bottoms：
ウルトラストレッチジーンズ
bag：J & M DAVIDSON
shoes：Le Talon
stole：Cashmee
necklace：TIFFANY

大人っぽく、女らしくコーデをまとめたい日。そんなときは、無彩色だけのコーデにすると覚えておきましょう。白、黒、グレーだけのコーデです。白を入れることで立体感が出るので、白は必ず忘れないように。バッグで持っていると便利です。

#帰りに新発売の化粧品を見に

11 / 8 FRI

誕生日のお祝い

とろみだと派手な色でもきつくならない

とろみ×とろみの上下の組み合わせにすると、キレイめ感が出ます、素材が柔らかいのでコントラストの強い色でもきついイメージにはなりません。派手な色のとろみアイテムは持っておくと便利です。

tops：レーヨンエアリースキッパーカラーブラウス
bottoms：ハイウエストリボンワイドパンツ
bag：LOUIS VUITTON
shoes：Le Talon
stole：SANKYO SHOKAI
pierce：JUICY ROCK

夫の誕生日

子どもの習い事

ダウンベストは色数を少なく着る

ダウンベストはカジュアルアイテムなので、色数を抑えて着ると都会的に見え、ラフなイメージが薄くなります。同じトーンで合わせて、バッグで派手な色を差すのがいちばん簡単。コーデにメリハリがつきます。

tops：リブバレエネック T
bottoms：
スマートスタイルアンクルパンツ
outer：
ストレッチダウンベスト
bag, pierce：ZAKKABOX
shoes：adidas

＃交流試合

家族で焼肉

とろみシャツとワイドパンツは外食コーデにぴったり

とろみシャツとワイドデニムも、カジュアルなのにキレイめ感がミックスされた、お出かけにぴったりの組み合わせ。レーヨンならにおいが気になる焼肉の後でも洗濯機で洗えるので、外食などのおでかけにぴったりです。

tops：
レーヨンエアリースキッパーカラーブラウス
bottoms：
デニムワークパンツ
bag：Balenciaga
shoes：SESTO
stole：SANKYO SHOKAI
earrings：BEAMS

＃交流試合お疲れ様

カフェで勉強

秋冬に使いまわせるロングカーディガン

厚手のロングカーディガンはスカートにもパンツにも合う万能アウターです。小物も選びません。かっちりとした小さめバッグを持てばキレイめに、キャンバス地のトートバッグを合わせればカジュアルな印象になります。さまざまなシーンに使いまわせるので1枚もっておくと活躍します。

tops：リブバレエネック T
skirt：
ハイウエストコットン
ボリュームスカート
outer：
メランジウールコート
bag：MACKINTOSH
PHILOSOPHY
shoes：MARISA REY
stole：matti totti
pierce：ZAKKABOX

＃資格試験

11 / 12 TUE

1日デスクワーク

グレーのコーデにはチェックストールをプラスすると華やかになる

tops：レーヨンブラウス
bottoms：スマートスタイルアンクルパンツ
bag：Anya Hindmarch
shoes：adidas
stole：Johnstons
necklace：Cartier

グレーのワントーンコーデは、派手にならないのにおしゃれに見える色合わせ。仕事のコーデに適していますが、華やかさが足りなくなることもあります。そんなときは、赤とベージュのチェックストールをプラスすれば、華やかさが出て、かつコーデの繋ぎ役にもなります。

＃新人さん　＃親睦会

ペットショップ

首を見せることを忘れない

パンツをキレイめに見せたいなら、肌を見せること。外は寒くても、室内ではVネックで鎖骨を見せたり、袖をまくり手首を見せることで、女性らしい部分を出しましょう。たったそれだけで、まったく違います。

tops：
カシミヤＶネックセーター
bottoms：
スマートスタイルアンクルパンツ
outer：デニムジャケット
bag：Balenciaga
shoes：Le Talon
pierce：JUICY ROCK

＃子ども　＃熱帯魚観察

11 / 14 THU

1日デスクワーク

コーデは、アイテムの雰囲気を足して完成する

コーデは料理と一緒。シンプルな組み合わせ（材料）に少しずつ雰囲気（調味料）を足していくと失敗がなくなります。写真のコーデは、メンズの雰囲気を持つワイドパンツに、光沢のある女性らしいシャツをプラスし、甲の見える靴で肌を見せこれまた女性らしさをプラスしてコーデをつくっています。

tops：
レーヨンエアリースキッパーカラーブラウス
bottoms：
ハイウエストチノワイドパンツ
bag：AMERICAN RAG CIE
shoes：outlet shoes
stole：Johnstons
belt：J & M DAVIDSON
pierce：SLOBE IENA
necklace：Les Bliss

資料作成

散歩

ロングアウターにワイドデニムのときはスニーカーを履く

tops：コットンカシミヤリブセーター
bottoms：デニムワークパンツ
outer：メランジウールコート
bag：TAMPICO
shoes：VANS
pierce, bracelet：JUICY ROCK

ロングアウターにワイドデニムを組み合わせると、誰でもトレンド感が出ます。このとき、スニーカーを合わせると足元が軽く、カジュアルに見えます。ワイドデニムを買うときは、「スニーカーにかかるくらいの長さ」を選びましょう。とても足長に見えます。

#愛犬サービスデー　#長めのお散歩

11 / 16 SAT

家族で買い物

スニーカーのときはツヤのあるバッグにする

スニーカーにはツヤのあるバッグを合わせると、カジュアルとキレイめがミックスされます。特に、VANSやコンバースなど、キャンバス地のスニーカーは、光沢のあるバッグと相性よしです。

tops：レーヨンブラウス
skirt：
ハイウエストコーデュロイ
フレアミディスカート
bag：BEAUTY&YOUTH
UNITED ARROWS
shoes：VANS
stole：Johnstons
pierce：JUICY ROCK

#ショッピングモール #ぶらっと

公園

大人の可愛さは「丸」を使うことで出る

大人がイタくならない可愛さを身に着けたいときは「丸」を意識すると上手にできます。写真では、バッグが丸い形です。その他にも、ストールを丸く巻き、ブーツも丸っこい形、ピアスも丸にしています。

tops：
カシミヤクルーネックセーター
bottoms：
ウルトラストレッチジーンズ
bag：ZARA
shoes：UGG
stole：Johnstons
pierce：ZAKKABOX

＃家族でドライブ　＃飛行機の見える公園

11 / 18 MON

カフェで勉強

秋は青を差し色に使う

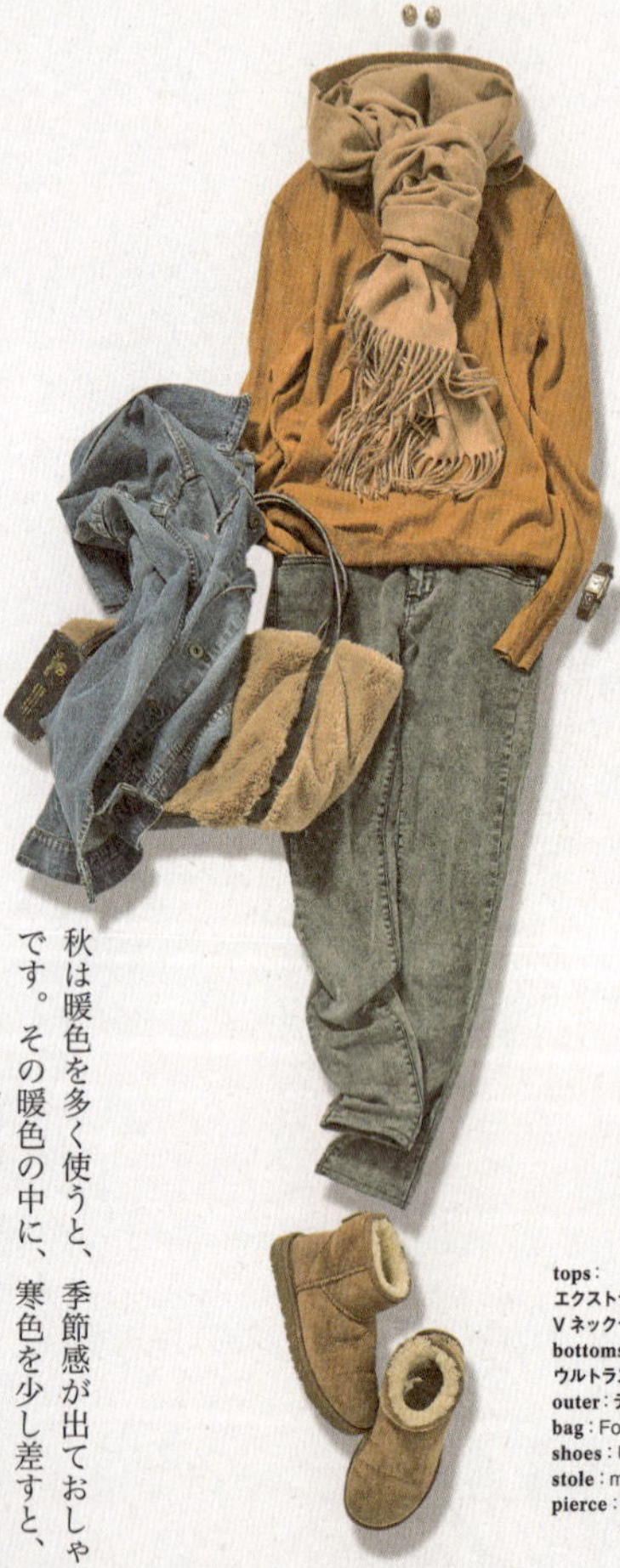

秋は暖色を多く使うと、季節感が出ておしゃれです。その暖色の中に、寒色を少し差すと、コントラストがつきます。デニムジャケットや青いストールは秋に便利です。

tops：
エクストラファインメリノVネックセーター
bottoms：
ウルトラストレッチジーンズ
outer：**デニムジャケット**
bag：Folna
shoes：UGG
stole：matti totti
pierce：ZAKKABOX

＃資格試験

友人とランチ

ライダースはクルーネックのニットと合わせる

ライダースは、クルーネックのニットと合わせると品良く見えます。ハードな印象と、クルーネックが持つ育ちがよさそうな雰囲気がミックスされて好相性です。リブニットにするとトレンド感も出ます。

tops：
コットンカシミヤリブセーター
skirt：
ハイウエストコーデュロイ
フレアミディスカート
outer：ネオレザーライダース
ダブルジャケット
bag：BEAUTY&YOUTH
UNITED ARROWS
shoes：MARIAN
pierce：ZAKKABOX
necklace：TIFFANY

＃ボジョレーを一口だけ試飲

11 / 20 WED

急に寒い日

まず持つのはベージュのウールのコート

コートで持っておくといいのが、ウールコートです。色は濃い目のベージュがおすすめ。生地も色も柔らかい印象のこのコートは、暗い色が多くなりがちな秋冬に柔らかさを足してくれ、大活躍します。大人の女性を優しく見せてくれるコートです。

tops：エクストラファインメリノVネックセーター
bottoms：ウルトラストレッチジーンズ
outer：ウールカシミヤスタンドカラーコート
bag：MACKINTOSH PHILOSOPHY
shoes：Le Talon
stole：matti totti
pierce：JUICY ROCK

＃夕方以降の冷え込み

11 / 21 THU

1日デスクワーク

甘い色合いのときは四角いバッグを持つ

コンパクトニットと、とろみのあるワイドパンツはフェミニンになる組み合わせ。色も女性らしい甘さが出る組み合わせです。ちょっと甘いので、バッグのスクエアな形でコーデにシャープさを加えています。甘いだけではない、凛とした雰囲気をつくることができます。

tops：
コットンカシミヤリブセーター
bottoms：
ハイウエストリボンワイドパンツ
bag：ZAKKABOX
shoes：Le Talon
stole：Cashmee
necklace：JUICY ROCK
bracelet：
MAISON BOINET

#ランチミーティング

11 / 22 FRI

夫とランチ

トレンチとスカートはどんな場所にも行ける

トレンチ×スカートは、オンにもオフにも、どんな場所にも着ていける万能コーデです。ちょっといいレストランなどにお出かけのときには、これに小さめバッグとショートブーツを合わせましょう。かっちりした雰囲気になります。チェーンバッグとパンプスにすると、もっとオンな場所でも大丈夫です。

tops：
レーヨンエアリースキッパーカラーブラウス
skirt：
ハイウエストコーデュロイフレアミディスカート
outer：
コットンツイルトレンチコート
bag：Bilitis dix-sept ans
shoes：SESTO
stole：reca
pierce：JUICY ROCK
necklace：Les Bliss

#昼休み　#いい夫婦の日ランチ

11 / 23 SAT

家族でドックラン

ロングカーデのときは スニーカーを合わせる

ロングカーディガンは、スニーカーとの相性が抜群。ほっこり感×カジュアルで可愛らしい雰囲気が出ます。写真は重い色合わせなので、白をちりばめて、軽さを出しています。靴紐、靴のソール、バッグが白です。

tops：
エクストラファインメリノ
Vネックセーター
skirt：
ハイウエストコットンローン
ボリュームスカート
outer：メランジウールコート
bag：L.L.Bean
shoes：VANS
stole：Johnstons
pierce：ZAKKABOX

＃スニーカーコーデ

子どもの美容院付き添い

チェックストール一枚でイギリスの女の子感が出る

たくさんの色が入ったチェックストールは、これ一枚でイギリスの女の子のような、トラッドな雰囲気をプラスしてくれます。たくさんの色が入っているチェックストールはカジュアルなコーデを引きたてるので、一枚プラスしてみましょう。

tops：
カシミヤVネックセーター
bottoms：
ウルトラストレッチジーンズ
bag：L.L.Bean
shoes：VANS
stole：Johnstons
earrings：BEAMS

#キッズカット

牧場

ニューバランスなどボリュームスニーカーはネイビーがおすすめ

tops：
カシミヤクルーネックセーター
bottoms：
ハイウエストチノワイドパンツ
outer：デニムジャケット
bag：BEAUTY&YOUTH UNITED ARROWS
shoes：new balance
pierce：ZAKKABOX
bracelet：JUICY ROCK

ニューバランスなど、ボリュームのあるスニーカーはネイビーがおすすめです。ネイビーはシックで上品な印象になるので、上品カジュアルといった雰囲気になり、大人の女性が履くにはぴったりです。

＃家族　＃お出かけ

1日デスクワーク

さりげなくおしゃれに見せたいときはトレンチコートをベーシックカラーで

さりげなくおしゃれに見せたい！　というときは、トレンチコートのベーシックカラーだけのコーデをつくると間違いがありません。ベーシックカラーとは、白、グレー、黒、ベージュ、ネイビーのこと。これだけでコーデを固め、差し色をなしにすると都会っぽくなります。

tops：
レーヨンエアリースキッパーカラーブラウス
bottoms：
ウルトラストレッチジーンズ
outer：
コットンツイルトレンチコート
bag：
AMERICAN RAG CIE
shoes：SESTO
pierce：JUICY ROCK
necklace：Les Bliss

＃年末に向けて打ち合わせ

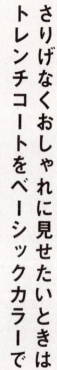

母の誕生日

Aラインシルエットはダークカラーでつくると大人っぽい

tops：リブバレエネック T
skirt：
ハイウエストコーデュロイフレアミディスカート
bag：ZAKKABOX
shoes：SESTO
stole：Cashmee
earrings：JUICY ROCK

ぴったりとしたリブカットソーにフレアスカートを合わせると、Aラインシルエットができ、女性らしい雰囲気が出ます。これに色をダークカラーにすると大人っぽくワザあり。暖色の小物を合わせてコーデにコントラストをつければ、華やかさが一気に出ます。

#カフェランチ

11 / 28 THU

1日デスクワーク

行事のときは足の甲を見せる靴を履くだけ

仕事や行事など、大人っぽい雰囲気を出したいときは、足の甲を見せる靴さえ履いておけば、それだけでOKです。また、ブラウン系の服の日は、ゴールドのアクセサリーをつけましょう。着ているブラウンに立体感が出て、おしゃれに見えます。

tops：
エクストラファインメリノVネックセーター
bottoms：
ウルトラストレッチジーンズ
outer：
コットンツイルトレンチコート
bag：ZAKKABOX
shoes：Le Talon
pierce, necklace, bangle：
JUICY ROCK

＃月末　＃残業

子どものマラソン大会

優しい印象に見せたいときはニットコート

好印象を残したいシーンのときは、ぜひニットコートを。ほっこり感と柔らかなイメージが出ます。ゆるっとした上下の組み合わせのときは、ストールを小さめにぐるぐるっと巻き、重心を上に見せましょう。足が長く見えます。

tops：コクーンシルエットＶネックセーター
bottoms：ハイウエストチノワイドパンツ
outer：ツイードニットコート
bag：MAISON KITSUNÉ
shoes：VANS
stole：Johnstons

＃応援　＃防寒

11 / 30 SAT

ご近所ママとの集まり

ライダースを着るときは丸い小物にする

ライダースはハードな雰囲気なので、合わせるものを「可愛く」と心がけましょう。丸いバッグや、コロンとした厚手のスニーカーなどを選ぶと、ハード×可愛いのミックス感が出ておしゃれに見えます。

tops：
カシミヤクルーネックセーター
skirt：
ハイウエストコーデュロイ
フレアミディスカート
outer：ネオレザーライダースダブルジャケット
bag：BEAUTY&YOUTH UNITED ARROWS
shoes：new balance
stole：macocca
pierce：JUICY ROCK
necklace：TIFFANY

#11月生まれ友達 #合同誕生日会

学校へ

秋冬は白いスニーカー

重い色が多い秋冬のコーデには、白いスニーカーを合わせると、新鮮かつ明るい印象になります。足元を明るくすることでコーデ全体の印象を軽やかに、女性らしくすることができます。

tops：レーヨンブラウス
bottoms：
ウルトラストレッチジーンズ
outer：メランジウールコート
bag：PORTER
shoes：adidas
stole：macocca
pierce：JUICY ROCK
bangle：Daniel Wellington

＃校庭開放当番　＃小学校　＃長男

12 / 2 MON

資格の勉強

ブルーのコーデにキャメルのバッグはおしゃれ見えする

ブルーなどの寒色コーデに、暖色のバッグを入れるとおしゃれ見えします。色のコントラストがついて立体感が出るからです。

tops：
カシミヤクルーネックセーター
bottoms：
スマートスタイルアンクルパンツ
outer：ダッフルコート
bag：Folna
shoes：new balance
stole：SANKYO SHOKAI
pierce：ZAKKABOX

#カフェで #キャメルのバッグ

外回り同行

ヒートテックウォームショートパンツは厚着に見えないのに暖かい

パッと見を薄着に見せるのが冬のおしゃれのコツです。特におすすめが、ヒートテックウエストウォームショートパンツのももまであるもの。ヒートテックタイツにプラスしてこれを履けば、とても暖かいです。腹巻きタイプなので、外にもひびきません。

tops：コクーンシルエットVネックセーター
skirt：ハイウエストコーデュロイフレアミディスカート
outer：ウールカシミヤスタンドカラーコート
tights：ヒートテックタイツ
bag：MACKINTOSH PHILOSOPHY
shoes：MARIAN
pierce：JUICY ROCK

#ヒートテックで防寒

12 / 4 WED

つくりおきおかずの買い出しに

白いバッグは冬のコーデの救世主

ダウンコートを着るのが難しい理由は、厚みがあるのでコーデが特に重たく見えることです。だから、必ずコーデに白を入れましょう。白が少し入るだけで軽さがまったく違います。白いバッグは冬のコーデの救世主です。

tops：エクストラファインメリノクルーネックカーディガン
bottoms：スマートスタイルアンクルパンツ
outer：ストレッチダウンコート
bag：ZARA
shoes：adidas
stole：Johnstons
pierce：ZAKKABOX
necklace：Cartier

#師走 #時短のためのつくりおき #自転車

1日デスクワーク

ブーティは先端に丸みがあるものにする

ブーツより華奢に見え、パンプスよりも歩きやすいのがブーティーの魅力です。ブーティは、カジュアルとキレイめの中間くらいなので、どんなコーデにもなじみます。先端に丸みのあるものはシャープなイメージになりすぎず、どことなく可愛らしい雰囲気が出せます。

tops：
エクストラファインメリノ
Vネックセーター
skirt：
ハイウエストコーデュロイ
フレアミディスカート
outer：
ウールカシミヤスタンド
カラーコート
bag：ZAKKABOX
shoes：SESTO
stole：Cashmee
necklace：Les Bliss
pierce：JUICY ROCK

＃資料作成

12 / 6 FRI

学童のクリスマス会の準備

動く作業が多い日はロングカーデにする

はおるだけでトレンド感が出るロングカーデですが、着たり脱いだりも簡単にできます。アクティブに動くことが多い日に活躍します。実用性とおしゃれさが両方簡単に手に入るアイテムなので、秋冬は一枚持っておくと便利です。

tops：レーヨンブラウス
bottoms：ウルトラストレッチジーンズ
outer：メランジウールコート
bag：BEAUTY&YOUTH UNITED ARROWS
shoes：Le Talon
pierce：JUICY ROCK
necklace：Les Bliss

＃クリスマスプレゼント　＃袋詰め

年賀状を買いに

フェミニンさが自然と出るのがノーカラーコート

ノーカラーコートは、襟がなくすっきり見えるので大人っぽさが出ます。また、女性らしいフェミニンさもあり、品良く着られます。モコモコの小物と組み合わせると、大人可愛いコーデになります。

tops：
エクストラファインメリノクルーネックカーディガン
skirt：
ハイウエストコットンボリュームスカート
outer：
ダブルフェイスノーカラーコート
bag：Folna
shoes：UGG
stole：Johnstons
pierce：ZAKKABOX
necklace：JUICY ROCK

＃郵便局　＃家族分

12 / 8 SUN

家で年賀状作成

デニムに合わせるニットがVだとそれだけで女性らしさが出る

家で過ごすときに、Vネックニットを着ているとそれだけでおしゃれに見えます。デコルテが見えて、女らしさがあがり、部屋着っぽさがなくなるからです。デニムにニットという「定番コーデ」もちょっとの肌見せを意識することで、全然違います。

tops：
カシミヤVネックセーター
bottoms：
ウルトラストレッチジーンズ
bag：L.L.Bean
shoes：new balance
stole：macocca
necklace：TIFFANY
earrings：BEAMS

＃子どもと一緒に

カフェで資格の勉強

トートバッグと、ホワイトが入ったスニーカーをセットにしておく

白いトートバッグと、ホワイトのラインが入ったスニーカーを合わせせると、ホワイト同士がリンクして、コーデにさわやかさがでます。バッグと靴に悩んだ朝は、このセットを選べば失敗しません。

tops：
カシミヤクルーネックセーター
bottoms：
ウルトラストレッチジーンズ
outer：
ストレッチダウンベスト
bag：L.L.Bean
shoes：new balance
stole：Johnstons
pierce：ZAKKABOX
bracelet：JUICY ROCK

＃勉強　＃集中力アップ

12 / 10 TUE

仕事帰りに友人と食事

小物の色をそろえると きちんと感が出る

ここまで何度も出てきましたが、バッグと靴は色をそろえるときちんと感が出て、バラバラにするとカジュアル感が出ます。ちょっといい場所へ出かけるときは、小物の色をそろえる、と覚えておくとコーデが楽に決まります。

tops：
エクストラファインメリノ
V ネックセーター
skirt：
ハイウエストコーデュロイ
フレアミディスカート
outer：**チェスターコート**
bag：Folna
shoes：SESTO
stole：matti totti
pierce：JUICY ROCK

＃高校時代からの友達

クリスマスケーキの予約に

冬のトレンチコートコーデはシンプルがポイント

12 December

着こんでモコモコ膨らんでしまいがちな冬コーデは、たまにすっきりと見える薄いコートにすると、コーデのマンネリが解消されます。ストールを持たず、シンプルに着ましょう。変わりにインナーダウンを重ねます。ウルトラライトダウンなら、見えにくく、暖かいです。

tops：リブバレエネック T
bottoms：
ハイウエストリボンワイドパンツ
outer：
コットンツイルトレンチコート
bag：Balenciaga
shoes：Le Talon
pierce, necklace：
JUICY ROCK

#ホールケーキ　#予約

12 / 12 THU

1日デスクワーク

いつも持っておくべきスキニーのデニムは濃いネイビー

常にワードローブに入れておくべきなのが、濃いネイビーのスキニーデニムです。これを履くだけで、どんなコーデもきちんとキレイめにまとまります。大人の女性にとって、品よく着られるアイテムです。

tops：
カシミヤクルーネックセーター
bottoms：
ウルトラストレッチジーンズ
outer：ウールカシミヤスタンドカラーコート
bag：MACKINTOSH PHILOSOPHY
shoes：SESTO
stole：matti totti
necklace：TIFFANY
bangle：Daniel Wellington

#オフィスカジュアル

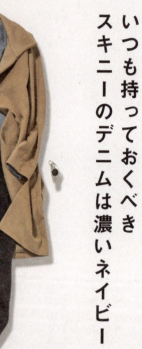

1日デスクワーク

チェックストールで使われている色と服の色を合わせると優しい雰囲気が出る

tops：レーヨンブラウス
bottoms：ハイウエストチノワイドパンツ
outer：メランジウールコート
bag：Anya Hindmarch
shoes：VANS
stole：Johnstons
earrings：BEAMS

チェックのストールは、柄の色のどれかと服の色を合わせると、まとまりが出て、優しく、女性らしくなります。特にチェックは派手な印象になるので、心がけるだけで雰囲気が変わります。写真では、ストールのグレーとアウターのグレーを合わせています。

寒暖差

12 / 14 SAT

ママ友とカラオケで忘年会

ダウンコートはマットな生地だと安っぽくみえない

ダウンコートは、フードとファーがついているものを選ぶと、華やかさが出ます。襟元が立っていると、立体感が出るからです。また、マットなもの、ぬい合わせが見えないシームレスな生地だと高く見えます。

tops：
リブバレエネック T
bottoms：
デニムワークパンツ
outer：
シームレスダウンジャケット
bag：TAMPICO
shoes：VANS
stole：Johnstons
pierce：JUICY ROCK

＃子ども主役のカラオケ

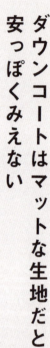

12 / 15 SUN

クリスマスプレゼントを買いに

カジュアルをミックスすることで若く見える

チェスターコートを着ると、かっちりとした、ちょっとフォーマルな印象になります。だから、デニムと合わせると、カジュアルダウンされておしゃれに見えます。ある程度の年齢になると、すべてキレイめでまとめてしまうと、フォーマル感が出過ぎてしまうので気をつけましょう。

tops：
コットンカシミヤリブセーター
bottoms：
ウルトラストレッチジーンズ
outer：**チェスターコート**
bag：AMERICAN RAG CIE
shoes：Le Talon
stole：Cashmee
pierce, necklace：
JUICY ROCK

＃子どもたちはおばあちゃんとお留守番　＃夫と一緒に

12 / 16 MON

参考書を買いに

コートからスカートは出ても大丈夫

コートからスカートの裾が出ても、コーデが変に見えることはありません。でも、もし気になる人はコートとスカートを同系色にするといいでしょう。また、コートをウエストベルトでとめると、バランスがよく見え、スカートの長さも気にならなくなります。

tops：
エクストラファインメリノ
Vネックセーター
skirt：
ハイウエストコーデュロイ
フレアミディスカート
outer：
ダブルフェイスノーカラーコート
bag：Folna
shoes：UGG
stole：matti totti
pierce：JUICY ROCK

＃車で　＃資格勉強

年末で仕事が忙しく残業

冬の白いトップスはそれだけでおしゃれ

冬のコートはどうしても重い色になりがちなので、白いトップスは必需品です。重い色のアウターでも、中に白を着ていると、顔色を明るく見せてくれます。特に落ち着いたオフホワイトにすると、女性らしい柔らかな明るさが出せます。

tops：
エクストラファインメリノクルーネックカーディガン
bottoms：
ウルトラストレッチジーンズ
outer：
ムートンタッチフーテッドコート
bag：HAYNI
shoes：Le Talon
necklace：TIFFANY

＃帰宅時間に合わせて暖かいコート

12 / 18 WED

学童のクリスマス会

デニムと赤のトップスの組み合わせはクリスマスにぴったり

デニムに赤のトップスを合わせると、パキッとコントラストがついて素敵です。さりげないクリスマスコーデにもなります。インディゴデニムより、ももの部分にウォッシュが入ったデニムのほうが、かっちりしすぎずこなれてみえます。

tops：
エクストラファインメリノVネックセーター
bottoms：
デニムワークパンツ
outer：
メランジウールコート
bag：POTIOR
shoes：Le Talon
stole：Johnstons
pierce：ZAKKABOX

#プレゼント

上司とランチ

白いバッグは女性らしく見える

仕事バッグを固め素材でツヤのある白いものにすると、かっちりした印象と同時に、女性らしい印象も与えるので、とても便利です。コーデの色を全体的に淡くすると、より柔らかく見えます。

tops：
エクストラファインメリノクルーネックカーディガン
bottoms：
ハイウエストチノワイドパンツ
outer：
ダブルフェイスノーカラーコート
bag：AMERICAN RAG CIE
shoes：SESTO
stole：Cashmee
pierce：ZAKKABOX
necklace：TIFFANY

お疲れ様ランチ

12 / 20 FRI

居酒屋

ライダースを着ると腰が高く見える

ライダースはトレンドに左右されない定番アイテムです。持っておいて損はありません。はおるだけで上半身がコンパクトにまとまって、腰の位置が高く見えます。ストールと合わせれば冬も活躍します。

tops：
エクストラファインメリノ
V ネックセーター
skirt：
ハイウエストコーデュロイ
フレアミディスカート
outer：
ネオレザーライダースダブル
ジャケット
bag：BEAUTY&YOUTH
UNITED ARROWS
shoes：UGG
stole：Johnstons
necklace：TIFFANY

＃同僚とプチ忘年会

イルミネーション見学

ダッフルコートは優しい雰囲気をつくる定番アイテム

tops：
エクストラファインメリノ
Vネックセーター
bottoms：
ウルトラストレッチジーンズ
outer：ダッフルコート
bag：L.L.Bean
shoes：new balance
stole：SANKYO SHOKAI
necklace, pierce：
ZAKKABOX

ダッフルコートは優しくほっこり見せる、他のアウターには出せない長所を持っています。もしこれから選ぶなら着丈が長く、太ももの太い部分をしっかり隠すものがいいでしょう。太ものの太い部分を隠すことで着やせします。また、ロング丈なら学生っぽさも薄れます。

＃家族　＃お出かけ

12 / 22 SUN

ファミレスへ

突然のおでかけはバッグと靴で調整する

突然お出かけすることになった日は、バッグと靴で調整しましょう。そのとき着ている自分の服が、暗い色のコーデなら明るいものを、明るい色のコーデなら暗い色のものを合わせましょう。コントラストがついて、華やかさが一気に出ておでかけスタイルになります。

tops：
エクストラファインメリノVネックセーター
bottoms：
ウルトラストレッチジーンズ
outer：
ストレッチダウンコート
bag：Anita Bilardi
shoes：Le Talon
stole：matti totti
pierce：SLOBE IENA

＃両親　＃急な誘い　＃子どもへのプレゼント

ボウリング

ダッフルコートのときはトートバッグを持とう

ダッフルコートのときは、トートバッグがおすすめ。ダッフルのトグルの白、バッグの白がリンクしておしゃれに見えます。写真では、スニーカーの靴紐とソールの白もリンクして、女性らしさが足されています。

tops：カシミヤクルーネックセーター
skirt：ハイウエストコットンボリュームスカート
outer：ダッフルコート
tights：ヒートテックタイツ
bag：L・L・Bean
shoes：VANS
stole：Johnstons
earrings：BEAMS

＃家族　＃お出かけ

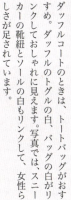

12 / 24 TUE

クリスマスパーティー

ワイドデニムはダークカラーと合わせる

ワイドデニムは、ダークカラーと合わせると部屋着っぽさがなくなります。また、シンプルコーデには、ひと粒ネックレスが想像以上に映えます。

tops：コクーンシルエットVネックセーター
bottoms：デニムワークパンツ
outer：ツイードニットコート
bag：Folna
shoes：Le Talon
necklace：JUICY ROCK

＃家族でパーティ　＃チキン

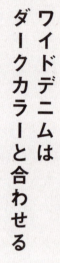

クリスマス

ムートンコートは華やか担当

ムートンコートのいいところは、暖かいのはもちろん、ボリューム感が出て、華やかになるところです。ムートンにはカジュアルダウンするための「可愛い」アイテムが合います。靴やバッグは、可愛らしさが出る丸みのあるものを選びましょう。

tops：リブバレエネック T
skirt：
ハイウエストコーデュロイフレアミディスカート
outer：
ムートンタッチフーテッドコート
bag：TAMPICO
shoes：UGG
stole：Johnstons

＃プレゼントは朝　＃家族でお出かけ

12 / 26 THU

仕事納め

赤ニットに黒のチェスターコートを合わせると華やか＋ハンサムに

華やかな雰囲気が出るうえに、顔色も血色よく見せてくれるのが赤ニットです。冬は、この赤ニットにチェスターコートを着るのもおすすめです。チェスターは直線が強く出るので、ハンサムな印象があります。赤の華やか＋ハンサムなイメージで、印象的なコーデになります。

tops：エクストラファインメリノVネックセーター
bottoms：スマートスタイルアンクルパンツ
outer：チェスターコート
bag：HAYNI
shoes：Le Talon
stole：Cashmee
pierce：JUICY ROCK
bangle：Daniel Wellington

＃午後は会社でケータリング　＃年納め

12 / 27 FRI

子どもと映画へ

レザーのリュックはコーデをランクアップさせて見せる

リュックは、素材でコーデ全体に与える印象が大きく変わります。レザーは大人っぽく見えるので、コーデがランクアップして見えます。

tops：
コクーンシルエットVネックセーター
bottoms：
ウルトラストレッチジーンズ
outer：
シームレスダウンジャケット
bag：PORTER
shoes：UGG
pierce：ZAKKABOX
bracelet：JUICY ROCK

映画の前は公園

12 / 28 SAT

おせちの買い出し

寒がりな人はムートンモカシンが便利

冬に明るいニットを選ぶときは、なめらかな素材のものを選ぶようにしましょう。それ以外のものは、チープに見えてしまいます。また、ムートンモカシンは甲が見えて女性らしく、しかも暖かいので、コーデの幅が広がります。寒がりな方は、一足持っておくと便利です。

tops：カシミヤＶネックセーター
bottoms：デニムワークパンツ
outer：ダブルフェイスノーカラーコート
bag：BEAUTY&YOUTH UNITED ARROWS
shoes：UGG
pierce：JUICY ROCK

＃車で大きめスーパーへ

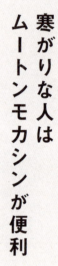

外食

ダウンコートを着るときはスキニーデニム

ダウンコートはボリューム感が出るので、身体にフィットするスキニーデニムを履くとスタイルがよく見えます。ダウンは、ファーのフードがついているものにすると、華やかでリッチな印象になります。

tops：
コットンカシミヤリブセーター
bottoms：
ウルトラストレッチジーンズ
outer：
シームレスダウンジャケット
bag：LUDLOW
shoes：UGG
pierce：JUICY ROCK
necklace：Les Bliss

＃回転寿司　＃家族

お正月準備

トートバッグとスニーカーを合わせると どんなコーデもリラックス感が出る

tops：
カシミヤクルーネックセーター
skirt：
ハイウエストコーデュロイ
フレアミディスカート
outer：ツイードニットコート
tights：ヒートテックタイツ
bag：L.L.Bean
shoes：adidas
pierce：JUICY ROCK

トートバッグとスニーカーは、どんな服もカジュアルミックスしてくれるセットです。ぜひ、派手な色のニットと合わせてください。どんなものでもリラックス感を出してくれます。

お正月の買い出し

12 / 31 TUE

おせちづくり

モノトーンコーデをスキニーでつくるとより洗練される

モノトーンコーデはハンサムな印象が出ます。このコーデに、スキニーデニムを使うと、細身シルエットになり、より洗練された印象になります。

tops：コクーンシルエットVネックセーター
bottoms：ウルトラストレッチジーンズ
bag：L.L.Bean
shoes：UGG
stole：Cashmee
pierce：ZAKKABOX

#子どもたちはパパと外遊び

［第4章］

Winter

ALL UNIQLO ITEM

BOTTOMS

ニットスカート

コーデュロイ
Aラインスカート
（赤）

デニム
（ネイビー）

デニム
（白）

デニム
（グレー）

ウールパンツ
（黒）

ワイドパンツ
（茶）

Aラインスカート
（ベージュ）

シフォン
ロングスカート
（ピンク）

ブロックテック
スカート（黒）

冬は白×グレーが最高

ALL UNIQLO ITEM

TOPS

クルーネックニット
(赤)

ラインが入った
Vニット（グレー）

クルーネックの
カーデ（カーキ）

Vネックニット
(ピンク)

ケーブル編み
Vネックニット（白）

スウェットトップス
(白)

Vネックカーデ
(マスタード)

カシミア
クルーネックニット
(黒)

リブセーター
(ネイビー)

とろみシャツ
(グレー)

1/1 WED

初詣

グレーはモコモコーデでもやせて見える

長時間外にいるときは、暖かいムートンコートを。グレーをメインにすると、モコモコの重ね着をしても細く見えます。寒さ対策を万全にしたいなら、体幹部分を温めるキャミソールと、長袖のヒートテックを組み合わせると動きやすく暖かです。

tops：レーヨンブラウス
bottoms：ウルトラストレッチジーンズ
outer：ムートンタッチフーテッドコート
bag：Anita Bilardi
shoes：UGG
necklace：TIFFANY

＃行列　＃家族で

I / 2　THU

義父母に新年の挨拶

バイカラーのバッグは持つとそれだけでおしゃれ

黒が入ったバイカラーのバッグは持っておくと大活躍します。それぞれの色が差し色になったり、引き締めてくれたりするからです。バッグだけでなく、靴でバイカラーを持っても便利です。

tops：カットソーカーディガン
bottoms：ハイウエストギャザーワイドパンツ
outer：ツイードコート
bag：ZAKKABOX
shoes：UGG
necklace：JUICY ROCK

＃車　＃渋滞を避ける

1 / 3 FRI

実家へ

ニットトップス×ニットスカートは楽ちんで上品に見える

楽ちんだけれどきれいに見えるコーデが、このニットスカート×ニットのコーデ。スカートの下に裏起毛タイツや腹巻を重ねても、かさばって見えません。タイトスカートは、ハリがある素材だとフォーマル感が強く出ますが、ニットスカートならおしゃれです。

tops：ケーブルVネックセーター
skirt：メリノブレンドリブスカート
tights：ヒートテックタイツ
bag：J & M DAVIDSON
shoes：adidas
stole：Johnstons
pierce：ZAKKABOX

#手土産　#子どもにはお年玉

1 / 4 SAT

おもちゃ屋へ

スニーカーは「革」をまず持つ

スニーカーは、アディダスのスタンスミスなど、「革」でできているものを持っておきましょう。レザーは大人っぽく見せてくれるので、一年中何にでも合わせやすいです。レザーを持ったら、次はキャンバス、スエード、メッシュと違う素材を持つようにすると幅が広がります。

tops：
ウールブレンドクリケットセーター
bottoms：
ウールブレンドパンツ
bag：MAISON KITSUNÉ
shoes：adidas
stole：Johnstons
earrings：BEAMS

#福袋を買いに

1 / 5 SUN

ショッピングモール

派手色を着るときは白をコーデのどこかに入れる

派手色のニットを着るときは、どこかにオフホワイトの小物を入れましょう。濃い色はきつい印象に見せてしまうので、オフホワイトを入れて柔らかな女性らしさを足しましょう。

tops：カットソーカーディガン
bottoms：ウルトラストレッチジーンズ
outer：ダッフルコート
bag：J & M DAVIDSON
shoes：adidas
pierce：JUICY ROCK

新学期の準備　# 文房具

1 / 6 MON

ママ友と新年会

バンブーの持ち手のバッグは品がよく見える

バンブーの持ち手のバッグは、ほどよい品の良さが出せます。これも使えるアイテムです。天然素材でツヤがあり固い素材は、大人っぽく見せ、品の良さを足してくれます。

tops：スウェットプルオーバー
skirt：
コーデュロイフレアミディスカート
outer：フリースカーディガン
bag：AMERICAN RAG CIE
shoes：SESTO
stole：Cashmee
pierce：JUICY ROCK
necklace：Les Bliss

＃新年　＃ママ友　＃子ども連れ

1 / 7 TUE

カイトあげ

外で動き回る日はニットカーデ＋ストールでぐるぐる巻きに

tops：カシミヤクルーネックセーター
bottoms：ハイウエストギャザーワイドパンツ
outer：メランジウールコート
bag：PORTER
shoes：VANS
stole：pyupyu
bracelet：JUICY ROCK

外で動き回る予定の日は、厚手のニットカーデが動きやすくていいでしょう。トップスにもワイドパンツの下にも、厚手のインナーをたくさん着こみ、ストールでぐるぐる巻きにすれば、日中だったら寒くありません。

＃広い公園　＃子どもの友だちと合流　＃家族

1 / 8 WED

家でゆっくり

家でニットスカートは最強

tops：
ウールブレンドクリケットセーター
skirt：
メリノブレンドリブスカート
bag：TAMPICO
shoes：VANS
cap：Ray BEAMS
stole：Johnstons
pierce：ZAKKABOX

ニットトップス×ニットスカートの楽ちんコーデ。家で過ごす日も、このコーデなら優しくて大人っぽく見えます。外に出るときは、キャップとスニーカーを身につければ、キッズっぽさが足されて、また違ったアクティブな雰囲気が楽しめます。

＃子どもの忘れものがないかチェック　＃夕方にちょっとスーパーへ

1 / 9 THU

1日デスクワーク

全身ブラウン系コーデは華やかなのにくどくない

新年会は、すべて暖色系のコーデをおすすめします。華やかなのに、優しいブラウンのおかげでくどくないこのコーデは、ちょっとした会にぴったりです。ぽわっとしやすいので、かっちりした素材のバッグと靴のセットを足しましょう。

tops：カットソーカーディガン
skirt：
ウールブレンドジャージー
ボリュームスカート
outer：
ダブルフェイスノーカラーコート
tights：ヒートテックタイツ
bag：POTIOR
shoes：Le Talon
stole：matti totti
pierce：ZAKKABOX
necklace：Les Bliss

＃学校もスタート　＃15時から新年会　＃会議室

カフェで資格の勉強

秋冬はカーディガンだけでトレンド感が出る

作業に集中したい日は、カーディガンだと肩もこらず、集中できます。秋冬のロングカーディガンはとても便利。トレンド感が出るし、コートの下に重ね着して使っても暖かいです。

tops：
UV カットクルーネック
カーディガン
bottoms：
ウルトラストレッチジーンズ
outer：**ツイードニットコート**
bag：POTIOR
shoes：Le Talon
stole：matti totti
pierce：SLOBE IENA

#追い込み開始

スケート

冬は白×グレーが最高

全身ホワイトコーデに合わせる色は、グレーがおすすめ。白とグレーは一年中使える鉄板配色ですが、特に冬にすると、凛とした雰囲気と女性らしさが両方手に入ります。

tops：ケーブルVネックセーター
bottoms：ウルトラストレッチジーンズ
outer：ダッフルコート
bag：L.L.Bean
shoes：VANS
stole：Johnstons
pierce, necklace：JUICY ROCK

＃家族で

公園へおでかけ

冬に似合うのが白多めのコーデ

冬は、白が多めのコーデがとても映えます。甘めのピンクのスカートも、写真のように白を多めにすることでコーデから浮きません。スカートはパンツよりも重ね着しやすいので、防寒対策がしやすいです。

tops：スウェットプルオーバー
skirt：ハイウエストシフォンプリーツスカート
outer：シームレスダウンジャケット
tights：ヒートテックタイツ
bag：MAISON KITSUNÉ
shoes：adidas
pierce：ZAKKABOX
necklace：JUICY ROCK

＃飛行機が見える公園　＃車で　＃子どもと

1 / 13 MON

ひとりで買い物

ネイビーとブラウンの2色コーデはきりっと見える

服の上下をダークカラーで同じ色にそろえると、スッキリまっすぐに見えて着やせして見えます。また、色はネイビーとブラウンだけの2色コーデにすると、大人っぽくきりっとした雰囲気になります。

tops：
コットンカシミヤリブセーター
bottoms：
ウルトラストレッチジーンズ
outer：**ツイードコート**
bag：MACKINTOSH PHILOSOPHY
shoes：UGG
stole：matti totti
pierce：JUICY ROCK
bracelet：MAISON BOINET

＃祝日　＃気分転換

1 / 14 TUE

1日デスクワーク

ロングネックレスはクールでハンサムな印象をつくる

ロングネックレスは長いので、クールでハンサムなイメージをつくってくれます。マットな質感のイヤリングも、大人っぽく見えるので合わせてつけましょう。

tops：スウェットプルオーバー
bottoms：ウルトラストレッチジーンズ
outer：フリースカーディガン
bag：AMERICAN RAG CIE
shoes：Le Talon
stole：reca
pierce：JUICY ROCK
necklace：Les Bliss

＃１日ＰＣ作業

1 / 15 WED

ショッピングモールへ

ニット帽はネイビーにする

ダウンジャケットはニット帽と合わせましょう。顔が小さく見えます。ニット帽のおすすめの色は、大人の女性を品よくさわやかに見せるネイビーです。ニット帽をかぶるときは、髪が長い人はゆるっとまとめましょう。

tops：
コットンカシミヤリブセーター
skirt：
コーデュロイフレアミディスカート
outer：ライトダウンジャケット
tights：ヒートテックタイツ
bag：Anita Bilardi
shoes：new balance
cap：ニットビーニー
earrings：BEAMS
necklace：TIFFANY

＃次男のプレゼント予約　＃誕生日

同僚とランチ

ニットスカートにニットカーデの組み合わせも、柔らかい雰囲気になる

tops：レーヨンブラウス
skirt：メリノブレンドリブスカート
outer：メランジウールコート
tights：ヒートテックタイツ
bag：Anita Bilardi
shoes：Le Talon
stole：Cashmee
pierce, necklace, bangle：JUICY ROCK

ニットスカートはニットカーデとも良く合います。ニットカーデは、コートには出せない柔らかさを持っていますので、ニットスカートと合わさって、より優しい雰囲気になります。

＃最近話題のレストラン　＃ちょっと遠出

1 / 17 FRI

カフェで資格の勉強

コートは意識して様々な色を持つ

冬はコートの印象に左右されやすいので、違った丈、種類、違う色を意識して持っておくのがベストです。特に黒いコートが多くなりがちですが、全体が重い印象になってしまいます。意識して、黒以外の色を持つようにしましょう。

tops：カットソーカーディガン
skirt：コーデュロイフレアミディスカート
outer：ツイードコート
tights：ヒートテックタイツ
bag：Bilitis dix-sept ans
shoes：UGG
pierce：ZAKKABOX
necklace：Les Bliss
stole：matti totti

＃追い込み　＃集中

もちつき大会

若いイメージにしたいならショート丈のアウターを着る

ショート丈のアウターは、若々しく、元気な雰囲気を持っています。比べて、ロング丈は女性らしく、落ち着いた印象。アクティブな行事のときは、それに合わせたコーデが好感度が高いので、ぜひショート丈を使いましょう。

tops：ウールブレンドクリケットセーター
bottoms：ウルトラストレッチジーンズ
outer：ライトダウンジャケット
bag：L.L.Bean
shoes：VANS
cap：ニットビーニー
pierce：ZAKKABOX
necklace：Les Bliss

＃学校　＃もちつき係

1 / 19 SUN

友達の家で鍋パーティ

スカートを着た日はモッズコートにすると「大人カジュアル」に

tops：ケーブルVネックセーター
skirt：ウールブレンドジャージーボリュームスカート
outer：モッズコート
tights：ヒートテックタイツ
bag：BEAUTY&YOUTH UNITED ARROWS
shoes：UGG
pierce：JUICY ROCK

コートを買うならモッズコートは持っておくといいでしょう。定番なので、流行に左右されることなく、カジュアルな雰囲気も出せるからです。モッズコートは男性的な印象なので、スカートを着た日にはおるとテイストがミックスされて、鉄板で可愛くなります。

#動きやすい服　#子どもと

久しぶりの友人とカフェへ

ムートンブーツの日はもこもこでそろえよう

tops：
コットンカシミヤリブセーター
skirt：
ブロックテックウォームイージースカート
outer：フリースカーディガン
tights：ヒートテックタイツ
bag：Folna
shoes：UGG
stole：Johnstons
pierce：SLOBE IENA

ムートンブーツをはくときは、バッグやコートなども合わせて「モコモコのもの」でそろえると可愛くなります。体型が大きく見えがちなのでタイツにするなど、細いところを見せましょう。プラスして、バッグの持ち手の革や、時計などでツヤのあるものを入れると、モコモコの引き締めになります。

1
January

＃アフタヌーンティ

1 / 21 TUE

社内打ち合わせ

ボタンのない服は大人っぽさ担当

子供服の売り場には前があいているのにボタンがない服はありません。子どもが着るような服は可愛らしさ担当で、大人しか着られない服は、大人っぽさが出ると覚えておきましょう。ボタンのないコートは大人らしいアイテム。これ一枚だけで、大人のキレイめ感がとても出ます。

tops：
ケーブルVネックセーター
skirt：
コーデュロイフレアミディスカート
outer：
ダブルフェイスノーカラーコート
tights：ヒートテックタイツ
bag：POTIOR
shoes：Le Talon
stole：matti totti
pierce：ZAKKABOX

#ランチミーティング　#少し暖かい日

I / 22 WED

ショッピング

赤のトップスは血色をつくってくれる

華やかに見せたい日に失敗がないのが、赤と黒を合わせること。赤のトップスはお化粧だけでは出せない血色の良い顔色をつくってくれますし、コーデも一気に華やかになります。赤のニットに赤のチェックを合わせることも使える技です。コーデに厚みが出ます。

tops：カシミヤクルーネックセーター
skirt：メリノブレンドリブスカート
outer：ウルトラライトダウンコンパクトコート
tights：ヒートテックタイツ
bag：Balenciaga
shoes：MARIAN
stole：Johnstons
necklace：TIFFANY
bangle：Daniel Wellington

#ひとりで #気分転換

1 / 23 THU

1日デスクワーク

冬のワイドパンツはブラウンを持とう

各季節に持っておくといいワイドパンツですが、冬はブラウンがおすすめです。柔らかい生地でストンと落ちるものがいいでしょう。トップスに明るい色を合わせれば優しく、暗い色を合わせればかっこよくなり、かなり使える色です。

tops：
ウールブレンドクリケットセーター
bottoms：
ハイウエストギャザーワイドパンツ
outer：ライトダウンジャケット
bag：Anita Bilardi
shoes：Le Talon
pierce：ZAKKABOX
bracelet：JUICY ROCK

＃資格の勉強追い込み　＃ランチの間も

懇親会

ちょっとした集まりにはクルーネックのカーディガンを一枚で

ちょっとした集まりには、クルーネックのカーディガンがおすすめです。上品で育ちが良さそうに見えます。Vネックは女っぽい感じになってしまうので、クルーネックにしましょう。

tops：
UVカットクルーネック
カーディガン
skirt：
メリノブレンドリブスカート
outer：
ダブルフェイスチェスター
コート
tights：ヒートテックタイツ
bag：ZAKKABOX
shoes：SESTO
stole：matti totti
pierce：JUICY ROCK

＃委員会

家で資格の勉強

スキニーデニムはムートンブーツと合わせる

スキニーデニムは、ムートンブーツと相性抜群です。カジュアルと華やかさがミックスされる、冬の定番です。ムートンブーツはほっこりと見えるアイテムですが、グレーを選ぶと一気に大人っぽくなります。パンツとブーツ、ストールもグレーにすると、グレーの長いラインができ、スラっと背が高く見えます。

tops：
カシミヤクルーネックセーター
bottoms：
ウルトラストレッチジーンズ
bag：Anita Bilardi
shoes：UGG
stole：Johnstons
pierce, necklace：
JUICY ROCK

＃追い込み　＃子どもはパパと映画へ

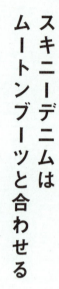

1 / 26 SUN

資格試験当日

ブロックテックスカートは暖かいのに腰回りも楽

座っていてラクチンなのがこのブロックテックスカート。暖かく、腰回りも楽です。冬の重たいコーデには白が多く入ったトートバッグはとても使えます。同じくダッフルコートのトグル部分の白やスニーカーの白も、冬は大きく役立ちます。

tops：
カシミヤクルーネックセーター
skirt：
ブロックテックウォームイージースカート
outer：ダッフルコート
tights：ヒートテックタイツ
bag：L.L.Bean
shoes：VANS
stole：Johnstons
pierce：JUICY ROCK

＃寒くないように防寒対策で試験へ

1 / 27 MON

スーパーへ買い物に

ニットカーデの中にウルトラライトダウンはコートより暖かい

コートに飽きた！ という日は、厚手のニットカーデにウルトラライトダウンを中に重ねることをおすすめします。雰囲気も変わって楽しめるし、普通のコートを一枚着るより暖かいです。重さもコートの半分なので、動きやすさ重視の日にもおすすめです。

tops：UV カットクルーネックカーディガン
bottoms：ウールブレンドパンツ
outer 外：メランジウールコート
outer 中：ウルトラライトダウンコンパクトコート
bag：AMERICAN RAG CIE
shoes：adidas
stole：Cashmee
pierce：ZAKKABOX
bracelet：JUICY ROCK

#つくり置きおかず

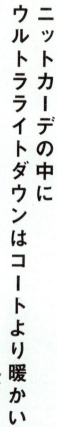

1日デスクワーク

冬のシャツは冬っぽい色を選ぶ

冬のシャツは、冬っぽい色を選びましょう。春、夏に着られない色を身に着けられる、冬だけの特権です。襟のついているシャツは、ノーカラーのコートととても相性がいいです。襟元が重ならず、すっきり見えます。

tops：レーヨンブラウス
skirt：ブロックテックウォームイージースカート
outer：ダブルフェイスノーカラーコート
tights：ヒートテックタイツ
bag：Anita Bilardi
shoes：Le Talon
stole：Cashmee
pierce, necklace：JUICY ROCK

＃月末ハードワーク　＃デスクワーク

I / 29 WED

ママ友の家でランチ

黒とグレーは女性ウケする

黒とグレーは、ハンサムに見える組み合わせです。黒は強い色なので、顔まわりにくるときつく見えがちですが、女性だけが集まるときはクールだとウケがいいので、小物も黒でまとめてたまには楽しみましょう。モコモコアウターにすると、黒もカジュアルダウンできて柔らかい印象に。

tops：
カシミヤクルーネックセーター
bottoms：
ウルトラストレッチジーンズ
outer：**フリースカーディガン**
bag：Balenciaga
shoes：MARIAN
stole：pyupyu
pierce, necklace：
JUICY ROCK

#持ち寄り　#一人一品　#途中デパ地下で

1日デスクワーク

赤を使うときは他の差し色を入れない

顔色が悪い日に本当に助かるのが赤ニット。これに、きちんと見えするセンタープレスパンツを合わせればお仕事コーデになります。赤を着るときは赤だけを主役に、1点だけを目立たせるように着ると楽に成功します。

tops：カシミヤクルーネックセーター
bottoms：ウールブレンドパンツ
outer：ウールカシミヤスタンドカラーコート
bag：POTIOR
shoes：Le Talon
stole：matti totti
necklace：JUICY ROCK

＃顔色が悪い日のヘルプコーデ

1 / 31 FRI

歯医者

デニムにカーデを合わせると「外国のおしゃれな子」になる

カーデを一枚だけでニットのように着ると可愛い雰囲気になります。ラフな感じと、育ちの良さが合わさって、外国のおしゃれな子のように見えます。バッグだけ、大人っぽいものを入れるとおしゃれ上級者です。

tops：UV カットクルーネックカーディガン
bottoms：ウルトラストレッチジーンズ
outer：ライトダウンジャケット
bag：Balenciaga
shoes：new balance
earrings：BEAMS
necklace：Cartier
bracelet：JUICY ROCK

自転車移動 # 近所

家族で外食

メンズの極暖はカットソーのように見えるのでおすすめ

寒い2月には、インナーに極暖ヒートテックを着るのがおすすめです。メンズの極暖はカットソーっぽいのでうっかり見えてもOK。一枚持っておくと便利です。

tops：カットソーカーディガン
skirt：ブロックテックウォームイージースカート
tights：ヒートテックタイツ
bag：Balenciaga
shoes：UGG
stole：macocca
bracelet：MAISON BOINET
pierce：JUICY ROCK

＃回転ずし　＃車移動　＃家族

2 / 2　SUN

大雪の日

ニット帽や手袋は明るい色も持つ

冬のニット帽や手袋は、白やクリームなど、明るい色も便利です。明るい色にすることで、冬ならではの可愛らしいソフトな雰囲気がつくれます。子どもと遊ぶ日など、優しい印象を残したい日に活躍します。

tops：ケーブルVネックセーター
bottoms：ウールブレンドパンツ
outer：フリースカーディガン
grove：ニットミトン
bag：BEAUTY&YOUTH UNITED ARROWS
shoes：adidas
cap：ニットビーニー
pierce：ZAKKABOX

#子どもたちは大はしゃぎ

2 / 3　MON

節分

ムートンブーツには革のリュック

暖かいムートンブーツには、革のリュックがとても合うので、ぜひセットで使ってください。ムートンはカジュアルなアイテムなので、大人っぽいレザーとミックスさせましょう。リュック以外にも、革のバッグや手袋などレザーの小物も相性抜群です。

tops：
カシミヤVネックセーター
skirt：
ブロックテックウォームイージースカート
outer：ツイードニットコート
tights：ヒートテックタイツ
bag：PORTER
shoes：UGG
stole：titivate
bracelet：JUICY ROCK

＃恵方巻を買いに　＃豆まき

2 / 4 TUE

打ち合わせとデスクワーク

センタープレスのウールパンツは暖かいうえにキレイ見えする

センタープレスのウールのパンツは、どこでもキレイめに見えるので、冬に一枚持っていると便利です。厚手のものにすると、より高見えします。

tops：
カットソーカーディガン
bottoms：
ウールブレンドパンツ
outer 外：
ダブルフェイスチェスターコート
outer 中：
ウルトラライトダウンコンパクトコート
bag：Folna
shoes：and Me
stole：SANKYO SHOKAI
pierce：ZAKKABOX

＃会社でも節分　＃豆まき

買い物

赤いスカートは柔らかい素材のものと相性がいい

赤いスカートを着るときは、柔らかいカーデやスムースニットなど、柔らかい素材と合わせましょう。赤色をくったり包んでくれて、品がよく見えるからです。また、赤の入ったストールを重ねると、グラデーションになり立体感も出てなおおしゃれです。

tops：レーヨンブラウス
skirt：
コーデュロイフレアミディスカート
outer：ツイードニットコート
bag：BEAUTY&YOUTH
UNITED ARROWS
shoes：ZAKKABOX
stole：Johnstons
tights：ヒートテックタイツ
pierce：ZAKKABOX

＃バレンタインのチョコを買いに

2 / 6 THU

会社でPC作業が多めの日

ピンクとネイビーはオフィスでもおすすめ

ネイビーとピンクはとても合う色なので、職場でもおすすめです。てきぱきした雰囲気と、可愛らしさが出るからです。ネイビーのストールは、必ず持ちましょう。強い味方になります。

tops：カシミヤVネックセーター
bottoms：ウールブレンドパンツ
outer：チェスターコート
bag：Balenciaga
shoes：Le Talon
stole：SANKYO SHOKAI
bangle：Daniel Wellington

#デスクワーク #シワにならない

学校のあいさつ当番

冬のパーカーは白にすると
やせて見える

tops：UVカットクルーネックカーディガン
skirt：ブロックテックウォームイージースカート
outer 外：ダブルフェイスチェスターコート
outer 中：スウェットフルジップパーカ
tights：ヒートテックタイツ
bag：BEAUTY&YOUTH UNITED ARROWS
shoes：VANS
pierce, bracelet：JUICY ROCK

冬のパーカーは基本的に重ね着をしますので、白がおすすめです。コートの下に一枚入れると、コーデ全体が華やかになるうえに、軽さが出て着ぶくれして見えなくなります。逆に、黒などのパーカーは、コートの色と同化して、肩回りが大きく見えてしまうので避けましょう。

＃朝７時　＃寒さ対策

子どもとお菓子づくり

スクールっぽいニットは首の開きが広いものを選ぶ

スクールっぽい雰囲気が出るニットは、若く、カジュアルに見えるアイテムです。首の開きが小さいものは学生のようになってしまうので、ネックが大きく、鎖骨が見えるものを選ぶといいでしょう。

tops：
ウールブレンドクリケットセーター
skirt：
ウールブレンドジャージーボリュームスカート
tights：ヒートテックタイツ
bag：Anita Bilardi
shoes：adidas
stole：Johnstons
pierce：JUICY ROCK
necklace：Les Bliss

＃バレンタイン　＃手作りチョコ

2/9 SUN

ドッグランへ

ワイドパンツとスニーカーはモデルのように見える

ワイドパンツとスニーカーの組み合わせのいいところは、まずスタイルカバーをしてくれるところです。足をすらりと長く、モデルっぽく見せてくれるので、ぜひ試してください。ワイドパンツの裾の長さは、靴ひもの結び目部分が隠れるくらいにすると、なお足が長く見えます。

tops：スウェットプルオーバー
bottoms：
ハイウエストギャザーワイドパンツ
outer：
パデットフーデットジャケット
bag：MAISON KITSUNÉ
shoes：adidas
necklace：JUICY ROCK

＃寒さ対策　＃いい天気

2 / 10 MON

美容院へ

派手な色の日はムートンを合わせる

茶色に赤系を合わせるのは、華やかなのに品が出る最高の色合わせだと言いましたが、これに白いパンツを合わせると、コントラストが出ておしゃれです。

tops：
カシミヤクルーネックセーター
bottoms：
ウルトラストレッチジーンズ
outer：
ダブルフェイスノーカラーコート
bag：MACKINTOSH PHILOSOPHY
shoes：UGG
stole：matti totti
earrings：BEAMS
necklace：JUICY ROCK

＃ヘアカラー ＃メンテナンス

2 / 11　TUE

動物広場へ

冬に外に行く日はワイドパンツにスニーカーで完璧

ワイドパンツは下にタイツを着こめるので暖かいです。また、ワイドパンツはスニーカーを合わせるとそれだけで都会的にも見えます。

tops：レーヨンブラウス
bottoms：ハイウエストギャザーワイドパンツ
outer：ダッフルコート
bag：Anita Bilardi
shoes：adidas
stole：Johnstons
necklace：Les Bliss

＃息子たちを連れて　＃動物が触れる恰好

2 / 12　WED

お買い物

ウルトラライトダウンはオリーブ色でキルトのものがいちばん便利

tops：
UVカットクルーネックカーディガン
skirt：
ウールブレンドジャージーボリュームスカート
outer：
ウルトラライトダウンコンパクトコート
cap：ニットビーニー
grove：ニットミトン
tights：ヒートテックタイツ
bag：Spick & Span
shoes：adidas
pierce：ZAKKABOX

ウルトラライトダウンは、キルトのものにすると1枚で着てもおしゃれですし、かさばらないので車移動や家の中でも便利です。黒だと重くブラウンだと目立ちすぎるので、写真のようなオリーブ色が使いやすいでしょう。

＃車移動

1日デスクワーク

モコモコ素材のものは重い色と合わせると大人っぽくなる

モコモコのコートや小物は、可愛く見せる冬の特権ですが、カジュアルなイメージが強く出ます。キレイめにまとめたいときは、黒やネイビーなどの重い色と合わせると失敗しません。重い色のキレイめな印象とモコモコの可愛らしさがミックスされます。

tops：カシミヤクルーネックセーター
bottoms：ウールブレンドパンツ
outer：フリースカーディガン
bag：Anita Bilardi
shoes：Le Talon
stole：matti totti
belt：J & M DAVIDSON
pierce：ZAKKABOX
necklace, bangle：JUICY ROCK

＃職場　＃感謝の気持ち　＃チョコ

2 / 14 FRI

夫とディナー

全身派手な色のときは グレーをどこかに挟む

華やかに目立ちたい日には、思い切って派手カラー同士を合わせるとおしゃれな印象で目立ちます。派手カラー同士のときは、グレーの小物をどこかに入れるのが秘訣。中和してまとめてくれます。赤いワンピースなどのときも使えるワザです。

tops：カシミヤクルーネックセーター
skirt：コーデュロイフレアミディスカート
tights：ヒートテックタイツ
bag：POTIOR
shoes：Le Talon
stole：Johnstons
pierce：JUICY ROCK

#バレンタイン　#サプライズ

日帰り温泉へ

ネイビー×キャメル×白は冬に目立つさわやかさ

何度か出てきた、ネイビーとキャメルの合わせは、冬にも活躍します。困った日にはこの色合わせだと間違いがありません。中に白を入れると、ネイビーのさわやかさをより引き出します。

tops：スウェットプルオーバー
bottoms：ウルトラストレッチジーンズ
outer：モッズコート
bag：Folna
shoes：UGG
pierce：ZAKKABOX
necklace：TIFFANY

＃温泉　＃家族で

2 / 16 SUN

家でゆっくり

ニットスカートにはスニーカーを合わせる

ニットスカートはスニーカーとも相性が抜群です。その上、このスカートはタイトスカートの形をしているのに、ニットが柔らかくて楽、しかも女らしい雰囲気はそのままです。トップスは、丈が短いものを合わせると簡単に足が長く見えます。

tops：
カットソーカーディガン
skirt：
メリノブレンドリブスカート
outer：
ライトダウンジャケット
tights：ヒートテックタイツ
bag：COACH
shoes：new balance
pierce：ZAKKABOX
bracelet：JUICY ROCK

夕方にちょっとスーパーへ

2 / 17 MON

友達とショッピング

ピンクに白っぽい小物で春っぽさを出す

もう街には春の色が並ぶこの時期。季節を先取りすると、確実におしゃれに見えますが、まだ寒い時期でもあります。そんなときには、色から春を取り入れるといいでしょう。ピンクだけでなく白も使えます。

tops：レーヨンブラウス
skirt：ハイウエストシフォンプリーツスカート
outer：ダッフルコート
tights：ヒートテックタイツ
bag：Anita Bilardi
shoes：adidas
stole：Cashmee
pierce：ZAKKABOX

＃春服を見に

2 / 18 TUE

会社帰りに買い物に

差し色を2色入れると上級者に見える

差し色は、基本的には1色だと失敗しませんが、上手に2か所入れられると上級者です。秘訣は、洋服と小物と1か所ずつにして、少し離れた場所にすることです。ワイドパンツのときは、静電気防止スプレーを内側からかけておくと安心です。

tops：
カシミヤクルーネックセーター
bottoms：
ハイウエストギャザーワイドパンツ
outer：
ダブルフェイスチェスターコート
bag：Spick & Span
shoes：outletshoes
pierce：SLOBE IENA
necklace：Les Bliss

＃昨日気になったアイテムをやっぱり買いに　＃少し暖かい

子どもの誕生日パーティの準備

白の地に黒い文字のバッグは使える

ブロックテックスカートは、自転車にも巻き込まれないので、ママに特におすすめです。重い色なので、白を入れることを忘れずに。このメゾンキツネのバッグは、本当に便利で、黒が少し入っているのでアクセントにもなっており、年中使えます。

tops：スウェットプルオーバー
skirt：ブロックテックウォームイージースカート
outer：パデットフーデットジャケット
tights：ヒートテックタイツ
bag：MAISON KITSUNÉ
shoes：adidas
necklace：JUICY ROCK

＃次男の誕生日　＃パーティーグッズ買い出し

2 / 20 THU

姉とランチ

黒のセットアップを着るときはカシミヤ素材のトップスにする

上下が両方黒だと、セレモニー感が強くなってしまいます。こういう場合は、カシミヤなど、トップスの素材を柔らかいものにすると女性らしさが足されます。キャメルもコーデに入れると華やかさが出ます。

tops：コットンカシミヤリブセーター
skirt：メリノブレンドリブスカート
outer：ウールカシミヤスタンドカラーコート
tights：ヒートテックタイツ
bag：MACKINTOSH PHILOSOPHY
shoes：Le Talon
stole：matti totti
necklace：TIFFANY

#レストラン

家で片づけ

ハイネックにひと粒ネックレスは顔が小さく見える

ハイネックのトップスに、華奢なひと粒ネックレスをすると、顔が小さく見えます。また、ツヤのあるバッグ、なめらかな素材のストールは大人っぽく見せます。小物に大人っぽいものを持つとカジュアルな服でも品が出ます。

tops：スウェットプルオーバー
bottoms：ウールブレンドパンツ
outer：ツイードコート
bag：BEAUTY&YOUTH UNITED ARROWS
shoes：adidas
stole：Cashmee
pierce, necklace：JUICY ROCK

＃翌日の来客に備えて

2 / 22 SAT

父母が来る

グレーアイテムはたくさん持てば持つほどおしゃれになる

ライトグレーのストールとダークグレーのシャツのグラデーションが、ただのデニムとシャツのコーデをおしゃれに見せてくれます。色同士をつないでくれるグレーは、何でもないコーデをランクアップさせてくれるので、この色はそろえておくと便利です。

tops：レーヨンブラウス
bottoms：ウルトラストレッチジーンズ
bag：Anita Bilardi
shoes：adidas
stole：Cashmee
necklace：TIFFANY

＃次男のお祝い　＃近所でちょっと外食

2 / 23 SUN

朝ごはんをファミレスで

クルーネックとスニーカーを合わせてみる

スニーカーとクルーネックのニットも相性がいいです。クルーネックは品がよく見えるので、スニーカーのカジュアルさとミックスするとおしゃれに見えます。

tops：コットンカシミヤリブセーター
bottoms：ウルトラストレッチジーンズ
outer：モッズコート
bag：Folna
shoes：new balance
stole：Johnstons
pierce：ZAKKABOX
necklace：Les Bliss

＃ご近所　＃息抜き

2 / 24 MON

スーパーに買い物に

冬の赤はコーデュロイ素材にすると使いやすい

赤いスカートは、一枚あるとコーデのセンスがよく見えるお役立ちアイテムですが、コーデュロイ素材なら、普段使いがしやすいです。

tops：
ウールブレンドクリケットセーター
skirt：
コーデュロイフレアミディスカート
outer：ダッフルコート
tights：ヒートテックタイツ
bag：MAISON KITSUNÉ
shoes：adidas
earrings：BEAMS

#つくりおきおかずの買い出し

2 / 25 TUE

会社帰りにショッピング

大人は特に冬が赤やピンクを楽しめる

大人の女性が赤やピンクという華やかな色を着たいなら、冬がチャンスです。茶色のコートや小物を合わせれば、違和感なく品よく着られるからです。固い素材の小物を合わせるとキレイめにまとまります。

tops：
カシミヤクルーネックセーター
skirt：ハイウエストシフォンプリーツスカート
outer：ツイードコート
tights：ヒートテックタイツ
bag：POTIOR
shoes：SESTO
stole：matti totti
pierce, bangle：JUICY ROCK
necklace：Les Bliss

＃新規オープンのお店　＃アクセサリーショップ

2 / 26 WED

ママ友とカラオケ

カジュアルな服のときは、バッグと靴の色を同じにするときちんと感が出る

ママ友と会うときに失敗しないのが、カジュアルすぎず、キレイめすぎずのコーデです。ニットトップスにデニムを合わせ、服をカジュアルにして、バッグと靴の色を同じにしましょう。こうすることで、きちんと感が出ます。

tops：UVカットクルーネックカーディガン
bottoms：ウルトラストレッチジーンズ
outer 外：ダブルフェイスチェスターコート
outer 中：ウルトラライトダウンコンパクトコート
bag：BEAUTY&YOUTH UNITED ARROWS
shoes：outletshoes
pierce：JUICY ROCK
necklace：Cartier
bangle：Daniel Wellington

＃2時間　＃子どものリクエスト

仕事

ダークな色合いの日は、暗めのベージュのチェックを持つ

全体的にダークな色のコーデのときに、差し色を入れず、暗めのベージュのチェックを合わせるのもおすすめ。色数が少なく都会的に見えてとてもおしゃれです。

tops：
カシミヤクルーネックセーター
bottoms：
ウルトラストレッチジーンズ
outer：ツイードニットコート
bag, shoes, pierce：
ZAKKABOX
stole：reca
necklace：Les Bliss

#インナーにウルトラライトダウンコート　#今日は暖かい

習いごとの説明会

センタープレスのボトムスにはカジュアルアイテムを思いきり合わせる

センタープレスのウールボトムは、スニーカーにも合います。パンツにしっかりしたよそいき感があるので、チェックストールやトートバッグなどカジュアルなものをたくさん合わせると、ミックスされておしゃれに見えます。

tops：レーヨンブラウス
bottoms：ウールブレンドパンツ
outer：ダブルフェイスチェスターコート
bag：L.L.Bean
shoes：VANS
stole：Johnstons
pierce：ZAKKABOX
necklace：TIFFANY
bracelet：JUICY ROCK

＃長男

博物館

ダウンは黒よりもネイビーのほうが品よく見える

ダウンコートも黒よりネイビーがおすすめです。顔まわりにくるものは黒よりはネイビーと覚えておきましょう。ネイビーにピンクは、可愛くて華やか、でも品のある雰囲気になります。

tops：コットンカシミヤリブセーター
skirt：ハイウエストシフォンプリーツスカート
outer：ライトダウンジャケット
tights：ヒートテックタイツ
bag：Folna
shoes：new balance
earrings：BEAMS

＃子どもと　＃恐竜展

3 / 2 SUN

ショッピング

冬のネックレスは長めにする

冬のネックレスは、長めをおすすめします。特に、クルーネックのものにこのネックレスをつけると、首まわりをスッキリ、華奢に見せてくれます。小さいけれど効果は抜群です。

tops：カシミヤクルーネックセーター
skirt：コーデュロイフレアミディスカート
outer：パデットフーデットジャケット
tights：ヒートテックタイツ
bag：PORTER
shoes：adidas
pierce：ZAKKABOX
necklace：Les Bliss

＃急に寒くなった日　＃家族の春服を購入

3 / 3 MON

保護者会

コートの袖からトップスの袖を出そう

ニットコートからトップスの袖をチラッとのぞかせると、柔らかな雰囲気になります。ブーティーとデニムを合わせるときは、ブーティーがきちんと全部見えるようにロールアップすると足が長く見えます。

tops：ケーブルVネックセーター
bottoms：ウルトラストレッチジーンズ
outer：メランジウールコート
bag：BEAUTY&YOUTH UNITED ARROWS
shoes：outletshoes
stole：Cashmee
necklace：TIFFANY
bracelet：JUICY ROCK

来年度の役員決め

3 / 4 TUE

早出残業デー

光沢のあるアイテムは女性らしさを出す

光沢のあるアイテムは、重い色でも女性らしさが出ます。このコーデではアウターとバッグがそうです。ダークな色が多い日は、光沢のあるものを入れるのもテクニックです。

tops：レーヨンブラウス
bottoms：ウルトラストレッチジーンズ
outer：ウルトラライトダウンコンパクトコート
bag：Balenciaga
shoes：Le Talon
stole：pyupyu
bangle：Daniel Wellington

#ハードワーク　#決算

3 / 5 WED

ファミレスへ

ジャージのスカートのときはバッグと靴を光沢のあるものにする

ジャージのスカートは動きやすく、リラックス感が出るおしゃれ上級者アイテム。これにニットを合わせるという一見部屋着のコーデも、バッグと靴を光沢のあるものにするとOKです。ダウンのようなカジュアルなものを着ても大丈夫。

tops：
コットンカシミヤリブセーター
skirt：
ウールブレンドジャージー
ボリュームスカート
outer：ライトダウンジャケット
bag：BEAUTY&YOUTH
UNITED ARROWS
shoes, pierce：ZAKKABOX

#子どもと

3 / 6 THU

早出残業デー

ピンクとダークグリーンの色合わせは甘辛の雰囲気が出る

tops：カシミヤＶネックセーター
bottoms：
ウルトラストレッチジーンズ
outer：
ダブルフェイスチェスターコート
bag：POTIOR
shoes：Le Talon
stole：SANKYO SHOKAI
pierce：ZAKKABOX

ピンクはダークグリーンと相性がいいです。ダークグリーンの持つ大人っぽさがピンクと合わさって、上級者に見せます。ピンクのトップスは顔を明るく見せますので、この色は、持っていると年中何かと便利です。

＃ハードワークももう少し

ホワイトデーのお菓子を買いに

コーデがシンプルすぎると思ったら髪を高めの位置で結んでみる

シンプルコーデでもの足りないと思ったら、髪を高めのポニーテールにしたり、髪の短い人は帽子をかぶったりするといいでしょう。小物を増やしていくことも効果があります。

tops：カシミヤクルーネックセーター
skirt：ハイウエストシフォンプリーツスカート
tights：ヒートテックタイツ
bag：PORTER
shoes：ZAKKABOX
necklace：JUICY ROCK
earrings：BEAMS

＃デパート　＃車で買い出し

3 / 8 SAT

家でゆっくりする日

同系色グラデーションで品が出る

ホワイトとブラウンの色の組み合わせは、ほっこりと柔らかい印象になります。ここにマスタードの差し色をすると、同系色のグラデーションになって奥行きが出ます。品がよくまとまるので、茶系のグラデはチャンスがあればどんどんやっていきましょう。

tops：ケーブルVネックセーター
bottoms：ハイウエストギャザーワイドパンツ
bag：Folna
shoes：outletshoes
stole：macocca
pierce：SLOBE IENA
necklace：JUICY ROCK

＃資格試験　＃合格発表の日

3/9 SUN

お祝いに外食

ベージュのグラデーションにチェックストールは冬ならではのおしゃれ

ゆるニットにフレアスカートは、シルエットにドレープが出て、おめかし感がでます。これに、チェックのストールが入ると、華やかさとカジュアルさがミックスされて、冬ならではのおしゃれになります。

tops：カシミヤＶネックセーター
skirt：ウールブレンドジャージーボリュームスカート
outer：ウールカシミヤスタンドカラーコート
tights：ヒートテックタイツ
bag：POTIOR
shoes：SESTO
stole：Johnstons
pierce：ZAKKABOX

＃合格祝い　＃ちょっとおめかし

3 / 10 MON

近所に買い物

スニーカーコーデの日はアクセサリーを忘れずに

カジュアルなコーデのときは、顔まわりに大きめのイヤリングをしましょう。派手なトップスを着るよりも華やかな雰囲気になります。シルバーよりも、ゴールドを選ぶと女性らしいツヤっぽさが出ます。

tops：
コットンカシミヤリブセーター
bottoms：
ハイウエストギャザーワイドパンツ
outer：
ライトダウンジャケット
bag：BEAUTY&YOUTH UNITED ARROWS
shoes：adidas
pierce, bangle：
JUICY ROCK
necklace：Les Bliss

＃息抜き　＃百円ショップ巡り

残業デー

ショートブーツはすらっと見える

ショートブーツは、歩きやすくすらっと見せてくれるアイテムです。コーデも似たような重い色で上下をまとめているので、全体的にすらっと見えます。このふたつで、スタイルがよりよく見えるコーデの完成です。

tops：カシミヤクルーネックセーター
skirt：メリノブレンドリブスカート
outer：チェスターコート
tights：ヒートテックタイツ
bag, shoes：ZAKKABOX
pierce：JUICY ROCK

#繁忙月 #早起きして晩ごはんづくり #シチュー

3 / 12 WED

本屋さんへ

グレーとダークグリーンはボーイッシュに見える

グレーとダークグリーンの組み合わせは、ボーイッシュでかっこよく見えます。ここで、ピアスをフープにしたり、バングルをしたりして、コーデに丸みを取り入れましょう。丸みで女性らしい柔らかい印象を足します。

tops：スウェットプルオーバー
bottoms：ウルトラストレッチジーンズ
outer：ダブルフェイスチェスターコート
bag：COACH
shoes：adidas
pierce：ZAKKABOX
necklace：Cartier
bracelet：JUICY ROCK

＃雑誌　＃収納本を探しに

残業デー

ベージュ×赤のコーデにはパールのピアスが華やか

茶系のグラデーションのコーデに、赤みのある色を入れると最強におしゃれなのはたびたび出てきたとおりですが、ぜひこれに、パールのピアスをおすすめします。白が顔の近くにくることで、顔色がよく見えます。

tops：カシミヤクルーネックセーター
skirt：ウールブレンドジャージーボリュームスカート
outer：ウールカシミヤスタンドカラーコート
tights：ヒートテックタイツ
bag：MACKINTOSH PHILOSOPHY
shoes：outletshoes
pierce：JUICY ROCK

＃社内でホワイトデー

3 / 14 FRI

ホワイトデー

ピンクと白の可愛い色のときはチェックを足すこと

大人の女性でも、怖がらずにトライしてほしい白とピンクの組み合わせ。幸せそうな、可愛い印象を生みます。こういう場合は、チェックのストールやスニーカーなどでカジュアルダウンをさせると、痛々しくなりません。

tops：
ケーブルVネックセーター
skirt：
ハイウエストシフォンプリーツスカート
bag：J & M DAVIDSON
shoes：adidas
stole：Johnstons
pierce：JUICY ROCK

＃子どもとホワイトチョコでお菓子づくり

3 / 15 SAT

ボウリング

白いスキニーにはゆるっとしたニットを合わせると着やせする

tops：
カシミヤVネックセーター
bottoms：
ウルトラストレッチジーンズ
bag：Anita Bilardi
shoes：new balance
stole：SANKYO SHOKAI
pierce：ZAKKABOX

ホワイトデニムに限らず、スキニーパンツにゆるっと少し大きいトップスを合わせると着やせして見えます。トップスの裾の端を少しウエストインして、ウエストまわりにゆるっとしたたるみをつくれば、お尻をカバーして細く見せます。

#子どもと　#体を動かしたい

家族でドライブ

モコモコ素材のアイテムは柔らかい色で持っておく

モコモコアイテムは、ベージュやブラウンなど、柔らかい色で持っておくのがポイントです。派手さがない色のほうが、どんなコーデにも使いやすく、またモコモコ感も楽しめます。

tops：レーヨンブラウス
skirt：ウールブレンドジャージーボリュームスカート
outer：フリースカーディガン
tights：ヒートテックタイツ
bag：L.L.Bean
shoes：and Me
necklace：JUICY ROCK

＃近所　＃川

3 / 17 MON

マッサージ

冬に使いやすいのはVANSのスニーカー

冬におすすめのスニーカーは、VANSとニューバランスです。VANSは小ぶりなので、重くなりがちな冬のコーデを軽く見せてくれます。ニューバランスはころんとした丸みが、冬のほっこり感とマッチします。

tops：
カシミヤVネックセーター
bottoms：
ウルトラストレッチジーンズ
bag：MAISON KITSUNÉ
shoes：VANS
stole：Johnstons
pierce：ZAKKABOX

＃仕事が一段落　＃１日オフデー

3 / 18 TUE

同僚とちょっと遠出してランチ

ストールは、たくさんの色を持てば持つほどおしゃれになれる

tops：カシミヤクルーネックセーター
skirt：メリノブレンドリブスカート
tights：ヒートテックタイツ
bag：AMERICAN RAG CIE
shoes：Le Talon
stole：Cashmee
bangle：Daniel Wellington

ベージュは30歳を超えると似合ってくる色です。若い人の肌のハリには、ベージュは地味に見えますが、歳を重ねるとちょうどなじむ色になって、シックに品よく見せてくれます。黒いトップスでも、ベージュのストールを巻くと柔らかく見えます。

＃久しぶりの外でランチ　＃ゆっくり

3 / 19 WED

友達とカフェ

コントラストが強い色の場合はノーアクセで

ネイビーは、さわやかでスポーティな色です。スポーティなものは、都会っぽい雰囲気を生みます。赤とネイビーのコントラストがとても強いので、ごちゃごちゃしないようにアクセサリーはなしにしましょう。

tops：
カシミヤクルーネックセーター
bottoms：
ウルトラストレッチジーンズ
bag：POTIOR
shoes：Le Talon
stole：SANKYO SHOKAI

＃高校の同級生　＃結婚式の相談

ケーキ屋さんに寄り道

ケーキなどの配色を真似するのも参考になる

ケーキ屋さんに行くので、写真はピスタチオのケーキのような配色のコーデ。洋服以外でも、可愛いと思った配色のマネをすると、引き出しが多くなります。特におすすめはケーキと和菓子の色合い。小さい差し色などがとても参考になります。

tops：
UV カットクルーネック
カーディガン
skirt：
コーデュロイフレアミディ
スカート
tights：ヒートテックタイツ
bag：ZARA
shoes：outletshoes
stole：Cashmee
pierce：JUICY ROCK
bracelet：
MAISON BOINET

＃急に暖かくなった日　＃家族へお土産

3 / 21 FRI

終業式

ブラウンコーデのポイントは濃い色をところどころに散りばめること

tops：スウェットプルオーバー
skirt：ウールブレンドジャージーボリュームスカート
tights：ヒートテックタイツ
bag：Folna
shoes：SESTO
stole：reca
necklace：JUICY ROCK

「派手な差し色を入れないこと」は品をよく見せる基本です。写真のように、カジュアルな素材でも、色を茶系のグラデーションにするだけでセンスよく仕上がります。茶系コーデのポイントは、ところどころに濃い茶色を小さく入れて引き締めることです。

子どもたちとカラオケ

3 / 22 SAT

動物園

グレーと白だけのコーデは都会的になる

グレーと白だけのコーデも、都会っぽくシャープにまとまります。無彩色を使いこなせる人は、本当におしゃれです。各小物にネイビーと白が入っていることも、全体にまとまりがでるポイントです。

tops：
ウールブレンドクリケットセーター
bottoms：
ウルトラストレッチジーンズ
bag：L.L.Bean
shoes：new balance
stole：Johnstons
pierce：JUICY ROCK
necklace：Les Bliss

#家族　#サファリパーク

公園

白ニットのトップスはアイボリーを選ぶと間違いがない

白と黒のモノトーンコーデも、都会的に見える定番です。ただ、顔まわりに「真っ白」なものを持ってくると、安っぽく見えることがありま す。白いトップスを選ぶときには、アイボリーを選んでおくと間違いはありません。

tops：スウェットプルオーバー
skirt：
メリノブレンドリブスカート
tights：ヒートテックタイツ
bag：PORTER
shoes：VANS
pierce, necklace：
JUICY ROCK

＃近所　＃大きい公園

3 / 24 MON

友人と食事へ

派手色のワントーンコーデには チョコブラウンの差し色を

なかなか挑戦しにくい上下ピンクの組み合わせ。しかし、上下ピンクを上手に着られると、おしゃれ上級者に見えます。ぜひトライしてみてください。ポイントは、赤みの入ったブラウンを加えること。こうすることで、大人っぽさが出ます。

tops：カシミヤＶネックセーター
skirt：ハイウエストシフォンプリーツスカート
tights：ヒートテックタイツ
bag：LUDLOW
shoes：outletshoes
stole：matti totti

＃誕生日を祝ってもらう

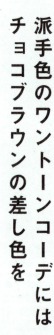

3 / 25 TUE

1日デスクワーク

黒が多いコーデの日はアクセサリーをシルバーに

コートというほどでもない日に大活躍するのがウルトラライトダウンです。日中には、小さくたためてバッグにも入ります。黒が多いコーデの日は、アクセサリーをシルバーにしましょう。ゴールドだとゴージャスですが、シルバーだとスッキリと普段仕様になります。

tops：
カシミヤクルーネックセーター
bottoms：
ウルトラストレッチジーンズ
outer：
ウルトラライトダウンコンパクトコート
bag：Balenciaga
shoes：Le Talon
stole：pyupyu
pierce：ZAKKABOX

#ぶり返して寒い日　#どこにも寄らずまっすぐ帰宅

3 / 26 WED

誕生日

チョコ色の小物は自然とツヤっぽい雰囲気を出す

チョコ色は自然とツヤっぽい雰囲気が出るので、大人の女性が使いやすい色です。オフホワイトに合わせて目立たせて使うと、女性らしさが楽しめます。

tops：
ケーブルＶネックセーター
skirt：
ブロックテックウォーム
イージースカート
tights：ヒートテックタイツ
bag：Bilitis dix-sept ans
shoes：UGG
stole：matti totti
bangle：Daniel Wellington

＃家族でお祝い　＃次男

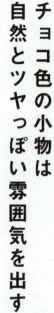

上司面談

カーディガンは一枚だけで着るとおしゃれ

カーディガンは、特に、胸元がさみしく見えるのが気になる人には貧相になるのを防いでくれる強い味方。ボタンがついているとポイントになるからです。全部アースカラーでまとめると、まわりになじんでいるのに、なぜか目立つ品のよいおしゃれになります。

tops：
UV カットクルーネック
カーディガン
bottoms：
ハイウエストギャザーワイド
パンツ
bag：Spick & Span
shoes：Le Talon
stole：reca
pierce：ZAKKABOX

資格取得報告

3 / 28 FRI

商店街

バッグを斜めがけにすると可愛さが足せる

コーデがちょっと物足りないときは、バッグを斜めがけにしてみましょう。斜めがけは子どもがよくするものなので、可愛さが足せるからです。また両手があくので動きやすくカジュアルなコーデになります。

tops：ウールブレンドクリケットセーター
skirt：ブロックテックウォームイージースカート
tights：ヒートテックタイツ
bag：BEAUTY&YOUTH UNITED ARROWS
shoes：SESTO
stole：titivate
bracelet：JUICY ROCK

＃近所　＃ゆっくり買い物

3 / 29 SAT

一泊旅行

グレーと白のかっこいい組み合わせにはモコモコ素材を足して可愛さをミックス

tops：ケーブルVネックセーター
bottoms：ウルトラストレッチジーンズ
bag：Anita Bilardi
shoes：Le Talon
stole：Johnstons
pierce, bangle：JUICY ROCK

グレーと白の都会的な組み合わせに、モコモコの小物で可愛さを足すのもおすすめです。ケーブルニットとデニムはメンズっぽいイメージなので、ストールの赤で女らしさを足しましょう。

＃子どもが遊べる温泉　＃初日

3 / 30 SUN

一泊旅行

グレーの異素材ミックスはそれだけで素敵

グレーで統一すると、メンズっぽいかっこよさが出ます。しかし、素材を厚手のものにすると、ほっこりと可愛さもミックスされたアイテムになるので、家族とのお出かけに素敵です。

tops：
ウールブレンドクリケットセーター
bottoms：
ウルトラストレッチジーンズ
outer：**メランジウールコート**
bag：Anita Bilardi
shoes：Le Talon
stole：Johnstons
pierce, bangle：
JUICY ROCK

＃２日目

3 / 31 MON

おばあちゃんの家へ

黒いトップスのときは髪を上げて首を見せる

黒とベージュも鉄板の配色で、女性らしい雰囲気が出ます。黒のトップスは顔を暗く見せるので、髪が長い人はアップにして首やうなじを見せましょう。肌を見せると顔まわりが明るくなります。

tops：
カシミヤクルーネックセーター
skirt：
ウールブレンドジャージーボリュームスカート
bag：BEAUTY&YOUTH UNITED ARROWS
shoes：VANS
earrings：BEAMS

＃預けていた犬を引き取りに　＃暖かい日

5/3 4/24 4/15 4/11 4/1

6/29 6/14 6/11 6/5 5/7

TOPS

［とろみトップス］

5/22 5/4 4/28 4/18 4/3

6/28 6/15 6/9 5/31

TOPS

［デニムシャツ］

TOPS

「リネンシャツ（ピンク）」

5/15 5/5 4/17 4/12 4/7

6/18 6/8 6/1 5/24

TOPS

「リネンシャツ（白）」

5/26 5/20 5/11 4/16 4/8

6/24 6/16 6/6 6/2

TOPS

［クルーネックセーター（黒）］

5/25 5/19 5/10 5/6 4/2

6/19 6/13 6/7 5/30

TOPS

［リブセーター（白）］

5/1 4/23 4/19 4/14 4/4

6/3 5/27 5/16 5/9

5/12

5/2

4/27

4/21

4/13

TOPS

6/25

6/20

5/29

5/23

［ボーダー］

6/4

5/21

5/18

5/13

4/29

TOPS

6/30

6/23

6/17

6/10

［オーバーサイズのニット］

5/28 5/14 4/30 4/26 4/6

6/26 6/22 6/12

TOPS

［カーデ（派手色）］

4/22 4/20 4/10 4/9 4/5

6/27 6/21 5/17 5/8 4/25

TOPS

［フードパーカー］

TOPS

［ノースリーブのトップス（赤）］

8/4 7/31 7/28 7/12 7/6

9/7 8/30 8/27 8/21 8/12

TOPS

［ノースリーブのとろみトップス］

8/11 8/7 7/18 7/13 7/4

9/23 9/5 8/25 8/22 8/20

TOPS

「長袖のとろみシャツ」

8/19 8/6 8/3 7/29 7/1

9/28 9/26 9/19 9/8

TOPS

「Tシャツ（ピンク）」

8/24 8/9 7/26 7/22 7/16

9/15 9/11 9/1 8/28

7/20 7/17 7/10 7/7 7/2

9/25 9/17 9/3 7/30 7/23

TOPS

「リネンシャツ（ブルー）」

8/15 8/5 8/2 7/11 7/5

9/29 9/20 9/9 8/26

TOPS

「リネンシャツ（薄い黄色）」

TOPS

〔フレア袖のトップス〕

8/8

8/1

7/25

7/21

7/3

9/14

8/23

8/16

TOPS

〔袖がふくらんだトップス〕

9/12

8/29

8/18

8/14

7/8

9/30

9/27

9/24

9/22

TOPS

［リブTシャツ（黒）］

9/2

7/24

7/19

7/15

7/9

9/21

9/18

9/16

9/13

TOPS

［ボーダー］

8/17

8/13

8/10

7/27

7/14

9/10

9/6

9/4

8/31

TOPS

［ピタッとシルエットの長袖T］

11/11

11/9

11/2

10/24

10/13

12/25

12/14

12/11

11/27

TOPS

［とろみシャツ（グレー）］

11/12

10/25

10/20

10/14

10/3

12/13

12/6

12/1

11/16

TOPS

「とろみシャツ（白）」

11/5　10/28　10/17　10/12　10/7

11/26　11/22　11/14　11/10　11/8

TOPS

「カーディガン（クリーム）」

10/29　10/22　10/6　10/4　10/1

12/19　12/17　12/7　12/4　10/31

TOPS

［Vネックニット（キャメル）］

11/18

11/3

10/23

10/15

10/2

12/22

12/20

12/5

11/28

TOPS

［Vネックニット（赤）］

12/10

11/23

11/20

11/6

10/5

12/26

12/21

12/18

12/16

TOPS

［リブニット（くすんだピンク）］

11/15

11/4

11/1

10/19

10/8

12/29

12/15

11/21

11/19

TOPS

［クルーネックニット（青）］

11/30

11/25

11/17

10/26

10/9

12/30

12/23

12/12

12/9

12/2

TOPS

［Vネックニット（イエロー）］

11/13

10/30

10/27

10/16

10/10

12/28

12/8

11/24

TOPS

［コクーンシルエットのニット］

11/29

11/7

10/21

10/18

10/11

12/31

12/27

12/24

12/3

TOPS

［とろみシャツ（濃いグレー）］

2/11

2/5

1/28

1/16

1/1

3/16

3/4

2/28

2/22

2/17

TOPS

［ケーブル編みVネックニット（白）］

2/2

1/21

1/19

1/11

1/3

3/29

3/26

3/14

3/8

3/3

TOPS

クルーネックのカーデ（カーキ）

2/7

1/31

1/27

1/24

1/10

3/27

3/20

2/26

2/12

TOPS

Vネックカーデ（マスタード）

2/1

1/17

1/9

1/5

1/2

2/16

2/4

TOPS

Vネックニット（ピンク）

3/11 3/9 3/6 2/6 2/3

3/24 3/17 3/15

TOPS

ラインが入ったVニット（グレー）

2/8 1/23 1/18 1/8 1/4

3/30 3/28 3/22 2/24

2/23

2/20

1/20

1/15

1/13

3/10

3/5

3/1

TOPS

［リブセーター（ネイビー）］

2/14

2/10

1/30

1/25

1/22

3/19

3/13

2/25

2/18

TOPS

［クルーネックニット（ピンク）］

TOPS

「カシミアクルーネックニット（黒）」

2/27

2/13

1/29

1/26

1/7

3/31

3/25

3/18

3/7

3/2

TOPS

「スエットトップス（白）」

2/15

2/9

1/14

1/12

1/6

3/23

3/21

3/12

2/21

2/19

［著者］
Hana（ハナ）
スタイルアドバイザー。
Ameba公式トップブロガー。ファッション部門1位。Ameba BLOG of the year受賞。
センスのよい上下ユニクロコーデがブログ、SNSで人気を集め、インスタグラムのフォロワー数は10万人、Amebaブログ読者14万４千人、LINEブログ読者３万人、月間ＰＶが平均800万と圧倒的な人気を誇る。延べ27万人超えのフォロワーに支持される人気のインフルエンサー。カラーアナリスト・骨格スタイルアドバイザー・パーソナルスタイリスト。
ふたりの男児を育てる主婦でもある。ブログで毎日アップされるユニクロコーデは、「ユニクロに見えない！」と大人気。普段着なのにセンスがよくて、毎日がちょっと楽しくなるコーデに定評がある。自他ともに認めるユニクロ通で、大型店、路面店などをハシゴして欲しいアイテムを探すことも。前著の『いつも流行に左右されない服が着られる』（ダイヤモンド社）はベストセラーに。
Amebaブログ：https://ameblo.jp/hana-nya-7/
Instagram：@hana.7jo
LINEブログ：https://lineblog.me/hana_7/

本書に掲載しているアイテムは、すべて私物です。各ブランドへのお問い合わせはご遠慮ください。また、販売が終了しているものもあります。併せてご了承ください。

全身ユニクロ！
朝、マネするだけ

2018年４月４日　第１刷発行
2018年４月19日　第２刷発行

著　者――Hana
発行所――ダイヤモンド社
〒150-8409　東京都渋谷区神宮前6-12-17
http://www.diamond.co.jp/
電話／03･5778･7234（編集）　03･5778･7240（販売）
アートディレクション――加藤京子（sidekick）
デザイン――我妻美幸（sidekick）
写真（静物）――梶田麻矢（STUDIO e7）
校正――加藤義廣（小柳商店）
製作進行――ダイヤモンド・グラフィック社
印刷――加藤文明社
製本――ブックアート
協力――杉本透子、阿部洋子
編集担当――中野亜海

ISBN 978-4-478-10326-5